笑える
腹立つ《ムカつく》

イスラム夫と共存中

HASNA
Presents
ハスナ
（日本人）

أفعل مع الزوج المسلم بطريقة ما

H A S N A

P r e s e n t s

まえがき
みなさん こんにちは
ハスナ（日本人）と申します
突然ですが みなさんは
「イスラム教徒」と聞くと どんなイメージが ありますか?
キケンな 香りがするとか
近よりがたい
と言った印象を 持っている人も 多いのでは ないでしょうか
私もずっと そう思っていたし
たまに日本で 見かけても
ようやるのう
この暑いのに
ジリ ジリ
私には理解できない…
おそらく一生 関わることのない 人々だと
思っていました…

しかし 大人になって
いろんな国へ
旅行するようになり
実際に
接してみると
イスラム教徒のみなさんは
総じて人なつっこくて
穏やかだったし
それでも信者?
ってほどテキトーな人も
マルボロにも
コカ・コーラ
にもライトは
ある
イスラム教徒《ムスリム》に
だってあるさ
いっぱい いました
ライトムスリムのみなさん…
ハロ〜
モロッコで出会った
ハサンもその1人
酒飲みで
礼拝もせず
コレがモロッコの
おススメワイン!
メクネスってとこで
作られてんの
国産
なんだー
およそ
神に服従する者《イスラーム》には
見えないハサン
そしてちょっと
オモシロイ顔
まゆもは
はっきりとつながり
前歯には
バッチリ
すき間があった…

オープンとクローズの場所…ぜったいまちがってるよね
開
閉
ははは
失礼だよ
だよねっ
ゴメンっ
神《アッラー》の創造物にまちがいなんか
無い
神に失礼!!
まゆ毛も前歯も神《アッラー》には お考えがあってのこと
幸福
それに前歯のすき間は私たちの間では幸福の門《ハッピーゲート》と言われてここから幸せが入ってくるんだよ
門なの!?
だから私はいつもハッピー
ハンドレラ（神様のおかげで）
チュパッ
こんなゆるい人でも神を信じてるんだ…
それなりに
このハサンとのちに結婚した私

彼の家族に接するうちに
イスラム教徒に対するイメージはかなり変わりました
特に 女性に対しては
女は1日中家事や育児に追われてるって言うのに
男たちはいい気なもんよ
仕事さえおわっちゃえば
日が暮れるまでカフェでおしゃべり
やっぱりイスラム女子って大変なんですね〜〜〜……
って
でれっ
ほっそり…
あれ?

もう お菓子が ないわ!
電話して 買ってきて もらおう!
どーせまだ 町にいるよ
ああ… わかったよ
ヒュー
パティスリーの 店主は礼拝 行ってるから…
帰ってくるまで もう少し カフェで待つよ…
当然ながら いろんな女子がいる
今のくらしに 不満はないから
自分で自由に 使えるお金 稼ぎたいの
ママからの 結婚の おくりものは エッチな下着よ♡
男も いろいろ
ファティマは 結婚相手
彼女は セックス相手だ
祈りたく なったら 祈れば いいんだよ
人が 強制する もんじゃない
ちょっと 送ってくれない かな?
ウン十万

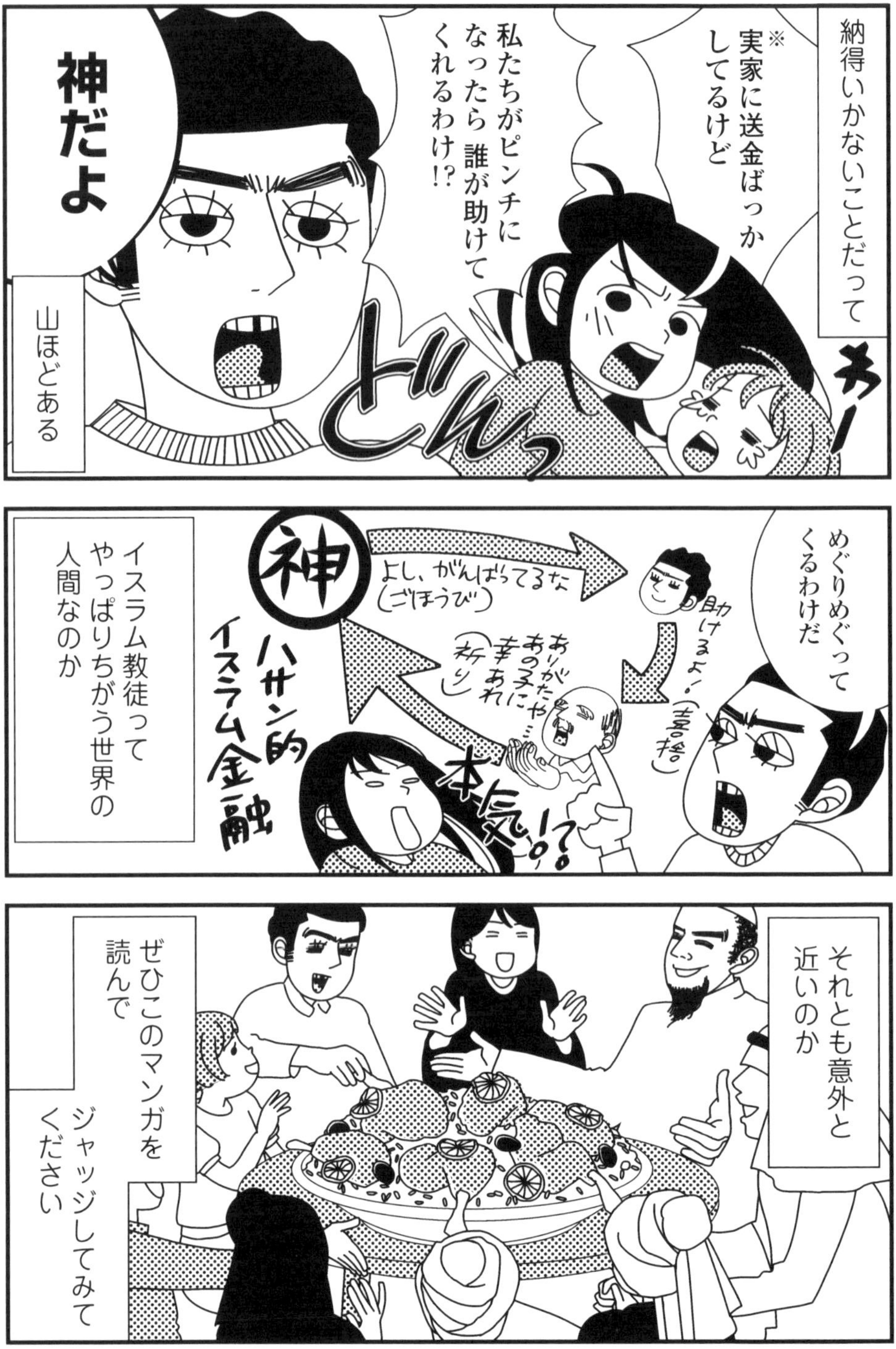

※2人は日本に住んでいます。実家はモロッコ。

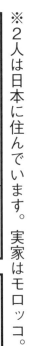

أفعل مع الزوج المسلم بطريقة ما

HASNA

Presents

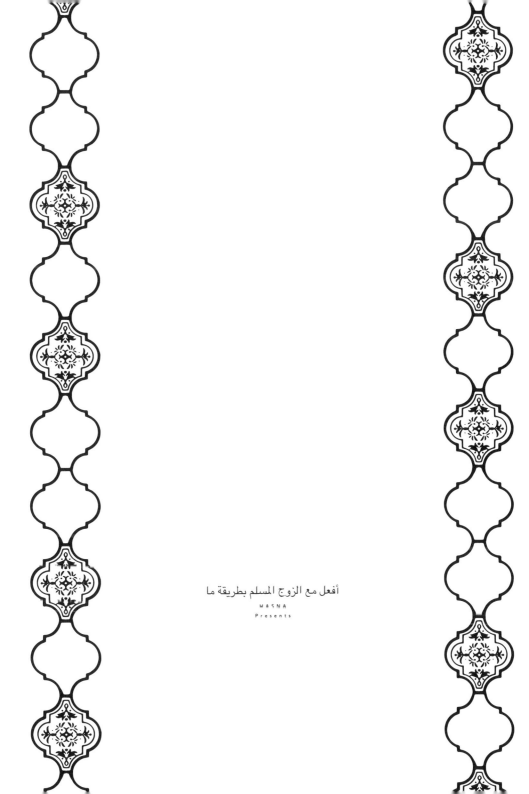

CONTENTS

第1話

イスラム教徒は怖い？

神を信じる人々

أفعل مع الزوج المسلم بطريقة ما

HASNA

Presents

あらためまして
ハスナ（日本人）です
夫のハサンです
イスラム教徒でーす
Tagine
みなさん
イスラム教に対して
不思議に思うことは多々あるかと思いますが
まず不思議なのは
神は偉大なり
「神を信じてること」それ自体ではないでしょうか
いるって思ってるってことだよね？
そこが理解できない…
ちょっとコワイなぁ…
確かに無宗教とも言える日本人には「信じる」がわからない
（一般日本人のみなさん）

「嘆きの壁」で揺れながら祈るユダヤの人々
イエスの受難に未だ涙するキリスト教徒
そして路上でもおかまいナシに祈っちゃう
イスラム教徒
法事の時に「足が痺れる〜っ」とか思いながらお経聞いてる我々とは
明らかに違うよね
一部のお年寄りならともかく
若い人も信じてるのが…
スゴイというかコワイというか
理解できないぶんなんだか「コワイ」のかもしれません

私も結婚で改宗する前ハサンに聞いたな――…
なんで神さま信じてるの？
いるからだよ
なんで いると思うの？
なんでって…!!
神《アッラー》さまが人間《わたしたち》をつくったんじゃん!!
!!
それって…アダムとイヴ的な…？
そうそうアーダム！
イヴは知らん
まさか本気で言ってないよね？
でも実際はサルから進化したわけでしょ…
？

コレが↓
コレに？↙
まさか本気じゃないよね!?
ハッハッハッ
なんか昔 そういう説を唱えた人もいたらしいけど結局ジョークにされておわったんじゃないの？
こんなん←
おわってるーっ
進化論が出た頃はみんな信じなくてダーウィンを笑ったけどいろいろ調べるうちその説が有力になってきて…
あの絵もその頃でしょっ
今や「進化論」があたりまえになってるでしょ？学校で習わなかったの!?
学校では「この世界は全て神が創造した」って教わったけど…？
理科でっ
コーランで
今私たちは21世紀に暮らしており昔は謎だったいろんなことが科学によって解明されてきています
なのに
この時代に「創造説」っ
「進化論」だって100%じゃないかもしれないけど…
それにしたって「創造説」っ

ワタシだって
びっくりだよ！
これだけサイエンスが
発達しても
まだまだ宇宙のことや
人類の成り立ちは
わからないことだらけ…
それなのに まだそれが
「神の力」と気づかずに
人間《わたしたち》のわかる範囲で
こじつけようとする
人々が多すぎることに!!
…なに言ってんだ
コイツ…
わかり合えないことが
わかった…
ぽかーん
てゆうか アナタの
宗教ではなんて
言ってるの？
ブッキョーだっけ？
その神も人間はサルから
できたって言ってるの？
いや…
仏教には「神様」
ってのは いないんだよ
全体的に
うろおぼえだが
日本古来の神さまなら
いっぱいいるみたい
けど そのうちの誰が
人間を生みだしたか
とかは知らん
そんなの信じてる人は
おろか
知ってる人も あんまし
いないんじゃない？

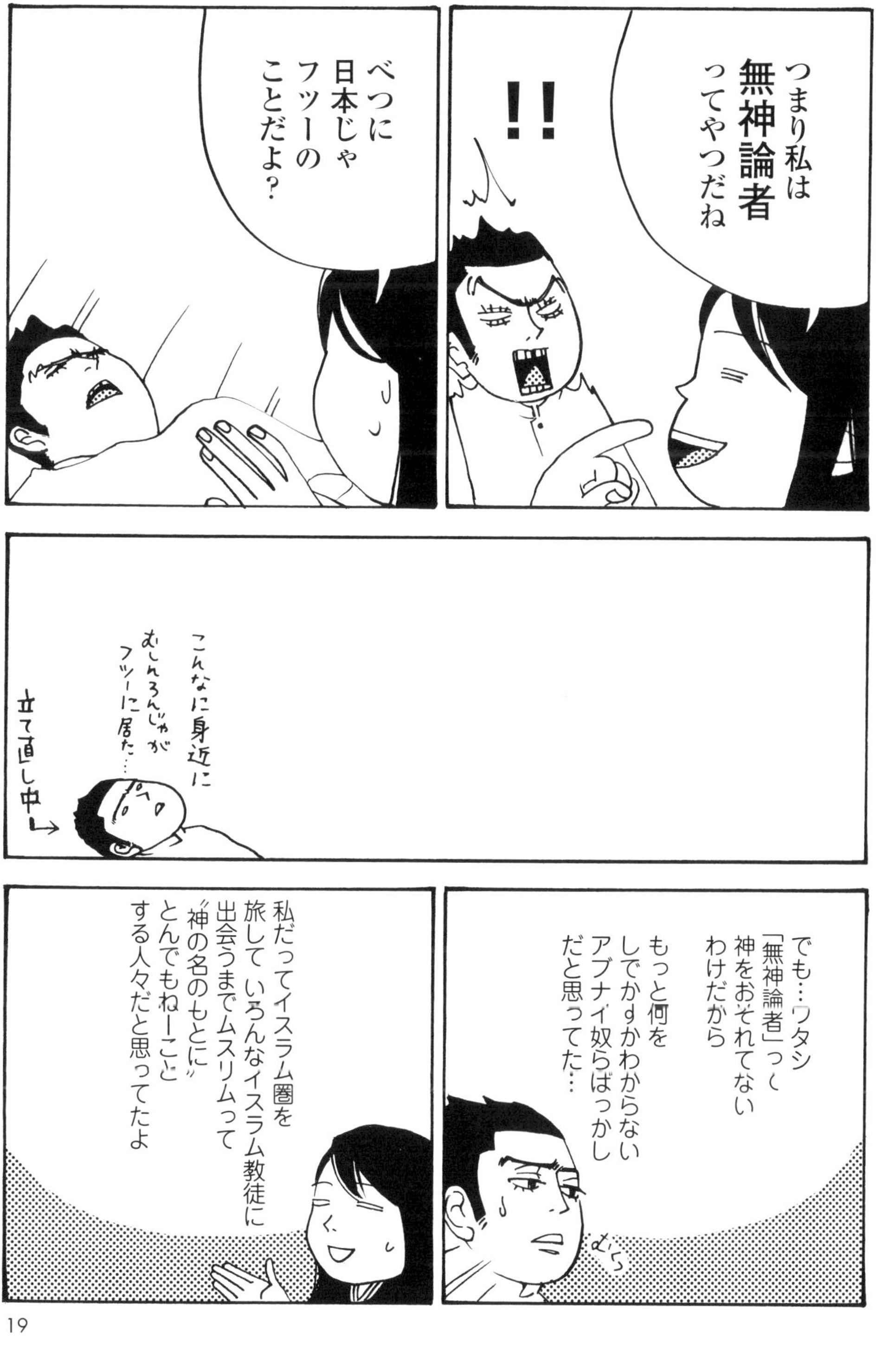
つまり私は無神論者ってやつだね
!!
べつに日本じゃフツーのことだよ？
こんなに身近にむしんろんじゃがフツーに居た…
立て直し中
でも…ワタシ「無神論者」って神をおそれてないわけだから
もっと何をしでかすかわからないアブナイ奴らばっかしだと思ってた…
むっ
私だって旅していろんなイスラム圏を出会うまでムスリムって
イスラム教徒に
〝神の名のもとに〟とんでもねーことする人々だと思ってたよ

でもべつに…
アナタって
フツーだよね
アナタもね
神が創造した
ムスリムも
サルから進化した
無神論者も
朝起きて
夜は寝て
働いて稼いだお金で
幸せになろう
という点で
意見は一致した
じゃあ まー…
やってけるかな！
その後 改宗して
結婚したので…
今は なんとなーく
神を信じようと努力中…
いいことが
あったとき
神様《アッラー》にお礼
言ったり
してます…
あと
神だのみも
してます…
それからこれも
よく聞くイスラム教の
イメージ
いろんな
決まりがあって
大変そう
たしかに
イスラム教徒には
守るべき
義務・行為があり

※五行(5つの義務)＝信仰告白・礼拝・喜捨・断食・巡礼⇨詳しくは4、5話に

ブタを食べることや
飲酒は有名なハラム(禁忌。
してはいけないこと)だが
お酒飲めないのは
ツライけど
だから飲んじゃってるけど
ブタを食べれないのは
ぜんぜん平気
というムスリムは多い
イスラム圏ではそもそも
ブタは食の対象と
考えられてないし
家畜としてないから野生!
(イノシシ系)
ブヒヒヒ
あらっ
ブタよっ
きったねーなー
店にも売ってないので
食べようがないのだ
ブタなんか食べなくても
牛・鶏・羊・ヤギ・ウサギ
…肉はいろいろあるからね!
私たちが犬とか
食べようとも
思わないのと
同じ?
昔行った上海の犬肉の
売り方がすごかった…
皮をむいた犬をこーゆー板
に刺して
りんご飴の
ように販売
そういえば 犬!!
犬もイスラム圏では
汚れた生き物だと
みなされてるんですっ
もちろん食べないっっ

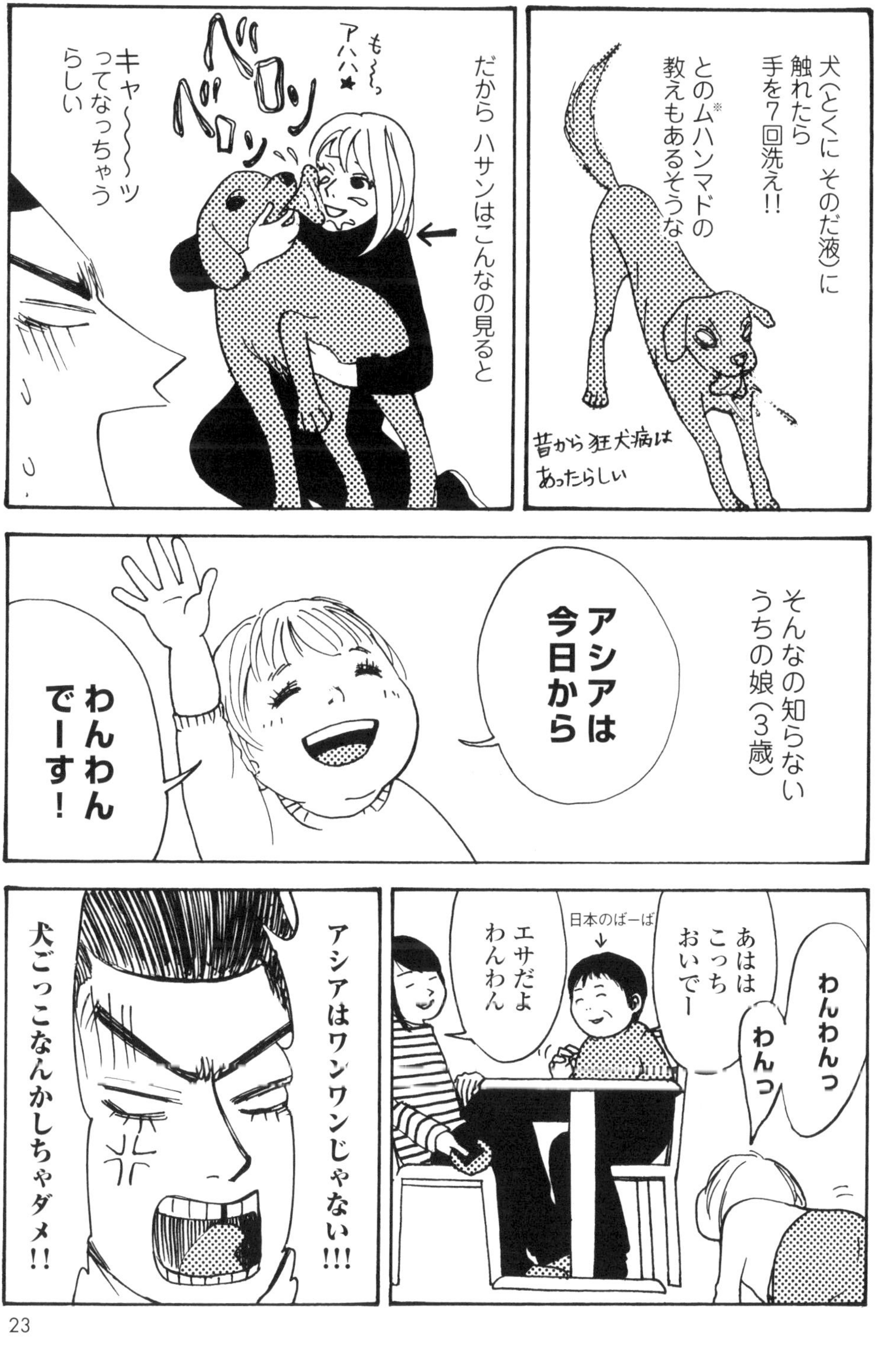
犬(とくに そのだ液)に
触れたら
手を7回洗え!!
とのムハンマド※の
教えもあるそうな
昔から狂犬病は
あったらしい
だから ハサンはこんなの見ると
も~っ
アハハ★
キャ~~~ッ
ってなっちゃう
らしい
そんなの知らない
うちの娘(3歳)
アシアは
今日から
わんわん
でーす!
わんわんっ
わんっ
あはは
こっち
おいでー
日本のばーば
エサだよ
わんわん
アシアはワンワンじゃない!!!
犬ごっこなんかしちゃダメ!!

※イスラム教の開祖

びくっ
あでも
ネコちゃんなら
いーよ？
ほら
ほらっ
アシア
ネコちゃんに
なればいい
じゃんっっ
ムハンマドはだんぜん
ネコ派だったらしい
ばぁばは
「ばぁばわんわん」っ
おかーちゃんは
「ママわんわん」に
なって あそぼっ！
ババッ
えっと…じゃあ
パパは？
パパは
ただのパパ
あっちでネコと
遊んで
信仰により
迫害されてるッ

さて話がそれましたが
イスラム教の決まりは
いろいろあるけど
「慣れりゃたいしたことない」
というのが結論です
ワタシにしてみりゃ日本の方がよっぽど大変！
時間に厳しいし
ゴミの分別が細かすぎるし
いろんなサービスが複雑すぎて何をするのも難しい!!
ケータイも
スマートPHONE
プラン1
かけほーだい
オプション
GB-∞GB
レストランのオーダーも
たべ放題
左の1〜3の中から1つずつ選び
Aコース
Bコース
もしも神様《アッラー》がワタシを助けてくれてなかったら
アル・ハンドレラ〜っ
1ヶ月で母国に帰ってたかもな…
私もかなり助けたけどネ
信じる者は救われるのだ

第2話

イスラム教徒は男尊女卑？

ムスリマの本音

أفعل مع الزوج المسلم بطريقة ما

HASNA

Presents

ハサンと結婚するとき
姉の夫に言われた
イスラム教徒と
結婚なんて
大丈夫!?
姉の夫：マイケル＝キリスト教徒
そう言うのもムリはない
マイケルはナイジェリア人で
ここ
ナイジェリアには悪名高き
ボコ・ハラムもいるし
過激派ムスリムによるテロや
虐殺が頻発しているのだ
そりゃ ムスリムに
いいイメージないよなぁ…
でも普通のムスリムは
そういう過激派とは
ぜんぜん違うし…
わかってるよ

それでもフッツーの
ムスリムも
男尊女卑だよ
コーランの中にも
女性蔑視な
記述があるし
現にイスラム圏では
女性の社会進出が
すすんでいない
そういう環境で
生まれ育った人間は
自然と男性優位の
考え方になると思うよ
今はまだ一緒に
生活してないから
見えてこない
かもしれないけど
結婚したら必ずや
・・・・そういう部分が出てくるであろう…
アーメン…

でも たしかに思い当たる
フシはある――
一夫多妻が認められていたり
しかも4人までOK!!
そして一妻多夫は
禁止！
女性は外出時 このファッションが
義務づけられてる国もあり
男性の服装は
自由なのに…
女はまるで黒子っ
社会進出もたしかに遅れてる!!
サウジアラビアじゃ
女性は自動車の
運転もしちゃダメ※
なんだとさ
このへんのこと
どう思ってんの？
イスラム教徒
として！
どうって
とりあえず…
一夫多妻の予定は
ナイです

※2017年9月に許可

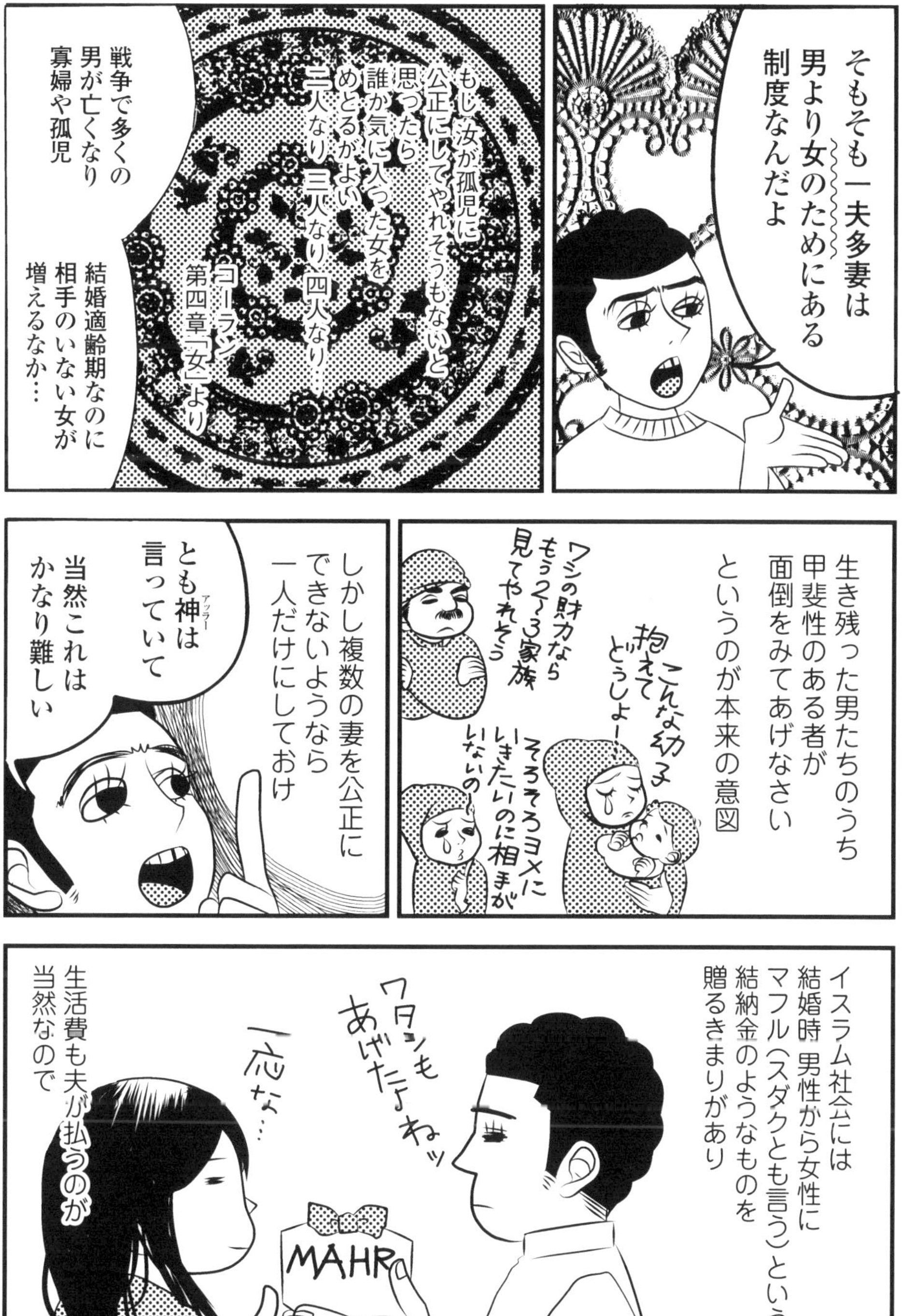
そもそも一夫多妻は男より女のためにある制度なんだよ
もし汝が孤児に公正にしてやれそうもないと思ったら誰か気に入った女をめとるがよい二人なり三人なり四人なり…
コーラン第四章「女」より
戦争で多くの男が亡くなり寡婦や孤児
結婚適齢期なのに相手のいない女が増えるなか…
生き残った男たちのうち甲斐性のある者が面倒をみてあげなさい
というのが本来の意図
ワシの財力ならもう2〜3家族見てやれそう
こんな幼子抱えてどうしよ…
そろそろヨメにいきたいのに相手がいないの〜
しかし複数の妻を公正にできないようなら一人だけにしておけ
とも神《アッラー》は言っていて
当然これはかなり難しい
イスラム社会には結婚時 男性から女性にマフル（スダクとも言う）という結納金のようなものを贈るきまりがあり
ワタシもあげたよねッ
一応な…
MAHR
生活費も夫が払うのが当然なので

マハル50万よこせーっ
じゃあ私も50万ね!!
生活費も月に
10万はほしいわね
足りなーい 15万よ!!
毎月
10×4＝40万？
15×4＝60万？？
さらに
50×4＝200万!!!
さらに子供が産まれたら…
子供できたし毎月プラス5万ねっ
じゃあうちは2人だから10万もらうわっ
ということは
うちは15万よー
ずるいーっ 子供がいなくても平等に私もほしいわっ
ムリだよ…
ムリだね
オイル大国の富豪男子ならできるかもね
でも養う相手も富豪女子
実際一夫多妻は少数派らしいです
じゃあ この服装は!?
虚無僧!?

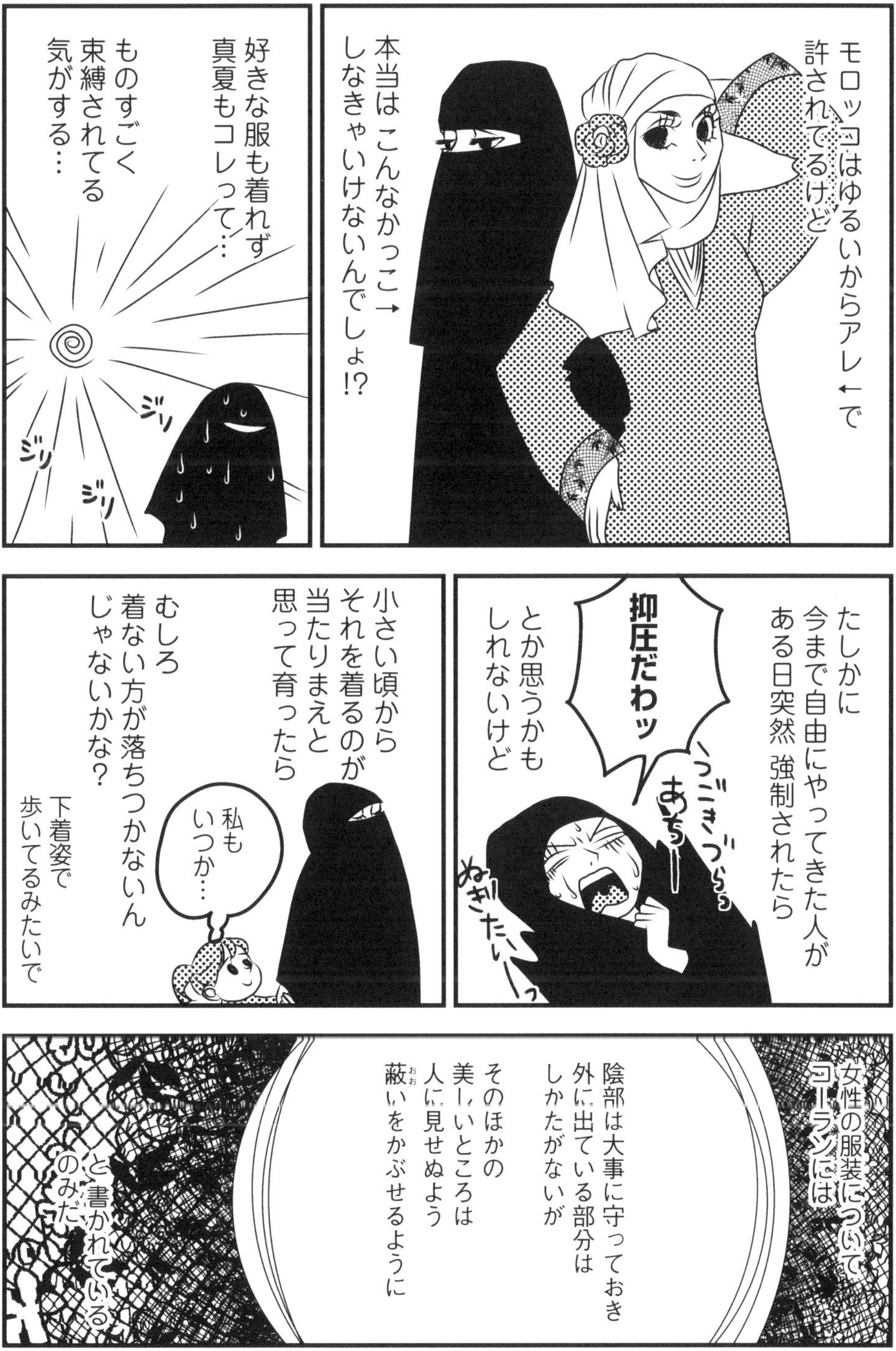
モロッコはゆるいからアレ←で許されてるけど
本当はこんなかっこ→しなきゃいけないんでしょ!?
好きな服も着れず真夏もコレって…
ものすごく束縛されてる気がする…
ジリ
ジリ
ジリ
たしかに今まで自由にやってきた人がある日突然 強制されたら
抑圧だわッ
とか思うかもしれないけど
うごきづらぁ
あちー
ぬぎたいーっ
小さい頃からそれを着るのが当たりまえと思って育ったら
むしろ着ない方が落ちつかないんじゃないかな?
私もいつか…
下着姿で歩いてるみたいで
女性の服装についてコーランには
陰部は大事に守っておき外に出ている部分はしかたがないが
そのほかの美しいところは人に見せぬよう蔽《おお》いをかぶせるように
と書かれているのみだ

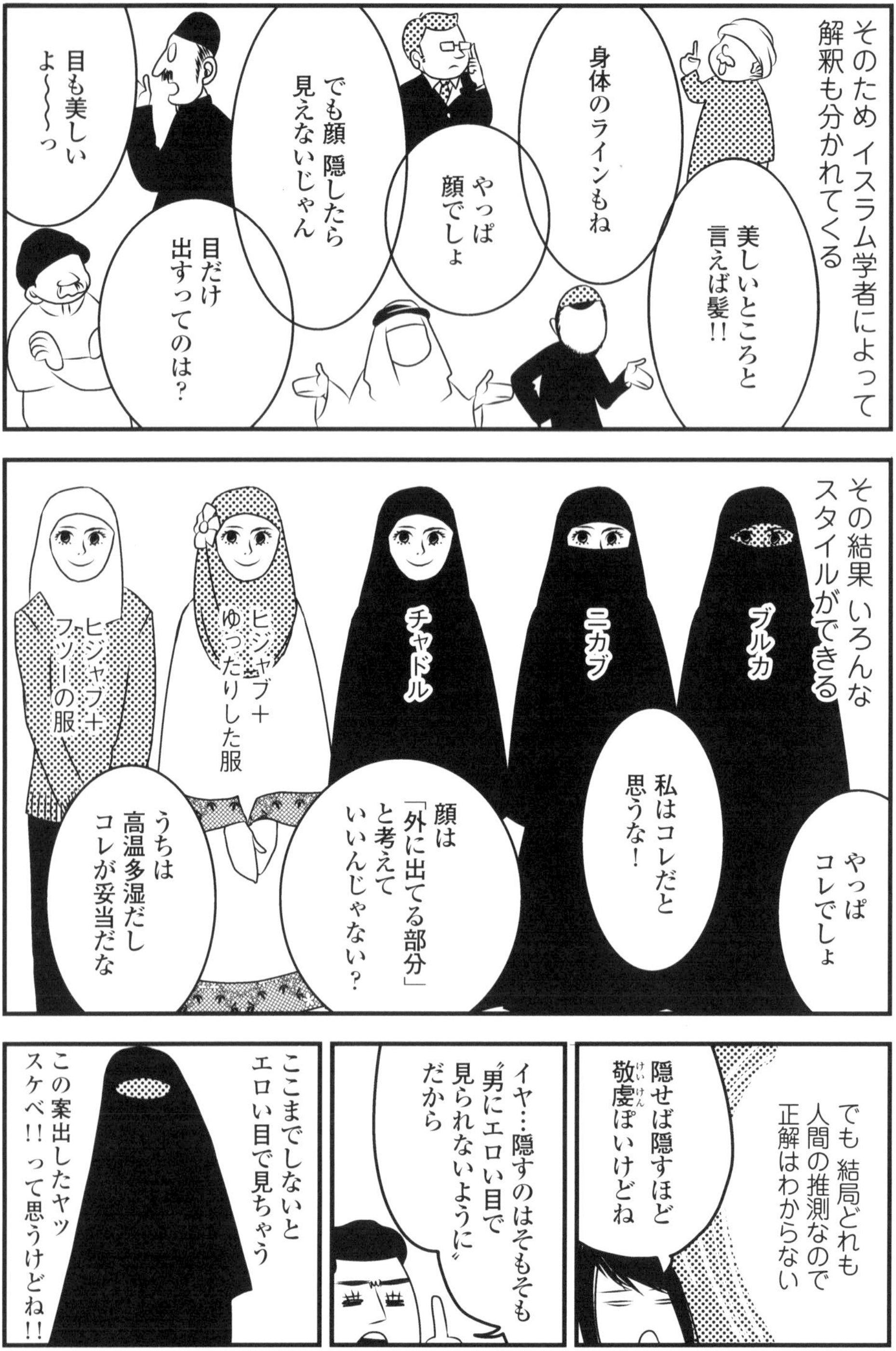
そのため イスラム学者によって 解釈も分かれてくる
美しいところと 言えば髪!!
身体のラインもね
やっぱ 顔でしょ
でも顔 隠したら 見えないじゃん
目だけ 出すってのは?
目も美しい よ〜〜〜っ
その結果 いろんな スタイルができる
ブルカ
ニカブ
チャドル
ヒジャブ+ ゆったりした服
ヒジャブ+ フツーの服
やっぱ コレでしょ
私はコレだと 思うな!
顔は 「外に出てる部分」 と考えて いいんじゃない?
うちは 高温多湿だし コレが妥当だな
でも 結局どれも 人間の推測なので 正解はわからない
隠せば隠すほど 敬虔《けいけん》ぽいけどね
イヤ…隠すのはそもそも “男にエロい目で 見られないように” だから
ここまでしないと エロい目で見ちゃう
この案出したヤツ スケベ!! って思うけどね!!

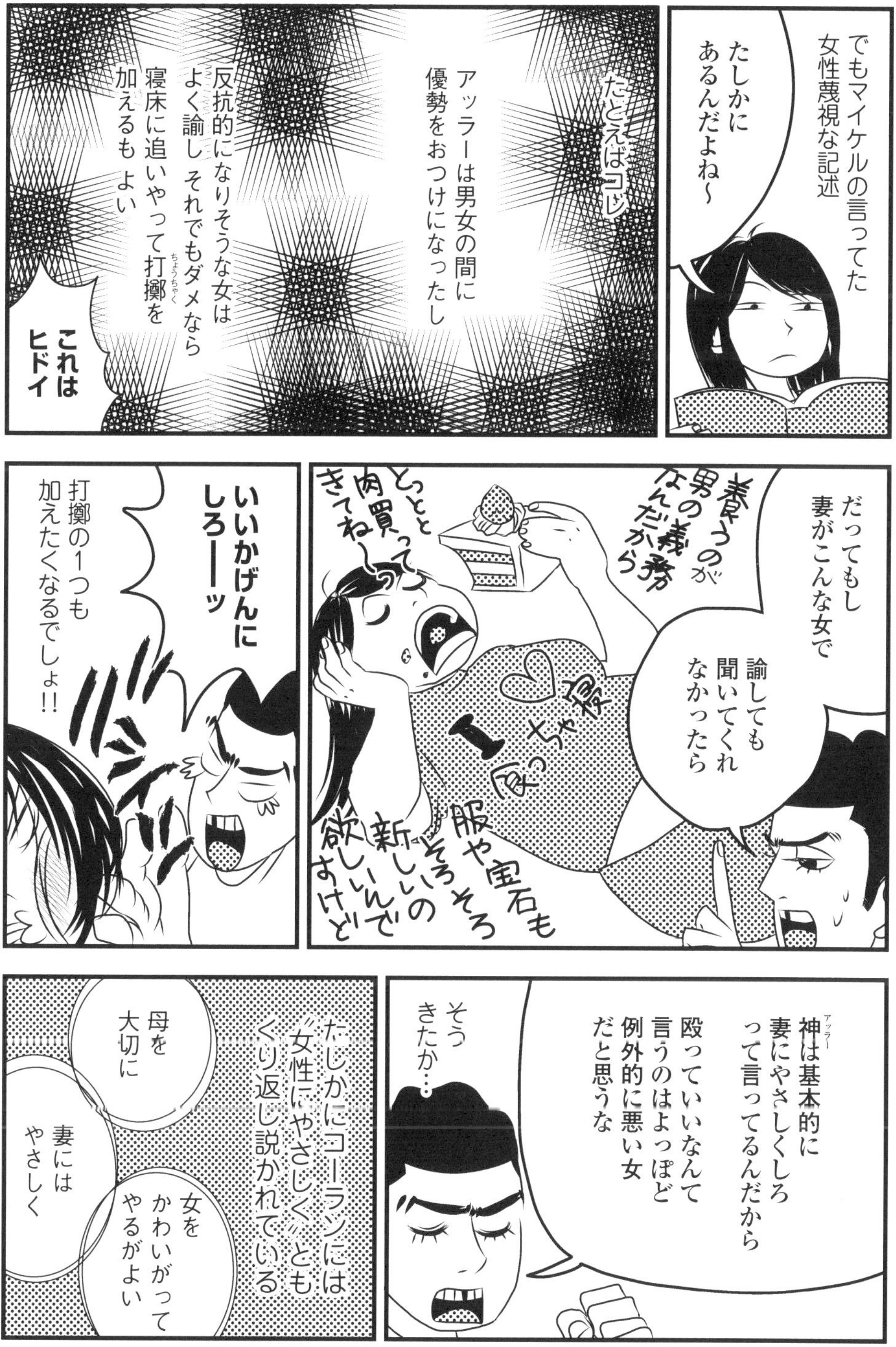
でもマイケルの言ってた女性蔑視な記述
たしかにあるんだよね～
たとえばコレ
アッラーは男女の間に優勢をおつけになったし
反抗的になりそうな女はよく諭し それでもダメなら寝床に追いやって打擲《ちょうちゃく》を加えるも よい
これはヒドイ
だってもし妻がこんな女で
諭しても聞いてくれなかったら
養うのが男の義務なんだから
とっとと肉買ってきてね～
服や宝石もそろそろ新しいの欲しいんですけど
いいかげんにしろーーッ
打擲の1つも加えたくなるでしょ!!
神《アッラー》は基本的に妻にやさしくしろって言ってるんだから殴っていいなんて言うのはよっぽど例外的に悪い女だと思うな
そうきたか…
たしかにコーランには〝女性にやさしく〟ともくり返し説かれている
母を大切に
妻にはやさしく
女をかわいがってやるがよい

女性に優しい？
男尊女卑？
どっちが本当のイスラム教なんだろう…
男の方が強くて偉いんだから女はだまって言うこと聞け!!
旅行も
教育も
仕事も
と言わんばかりの国はたしかにあるが
自分に都合のいい一文だけを拡大解釈する権力者はダメです
イスラム教では男女は完全に平等です
と主張する人々も多い
なんかもー…〃読む人次第〃だよなー…
そしてどの読み方が正しいかは神のみぞ知る…
とりあえず ハサンの解釈のし・か・たはキライじゃないから
まーいっか。
解釈もなにも…あんまし読んでないし
？
そんなこんなで結婚して4年目
久しぶりにモロッコに里帰りしたときのこと

兄弟で住んでいた家には弟嫁とその子供が増えていた（ハサンの両親は基本的にフランス在住）
弟嫁のファティマは美人で学校の成績も良かったようだが
高校卒業後 すぐに結婚し
一日中家事と育児に追われている
パン屋でもないのに朝5時起きでパンこねてるし
冬は発酵に時間かかるからもっと早起きよ
アジズ（ハサンの弟）にも家事手伝わせてそのぶん労力外で使えばけっこう稼げるんじゃない？「自分のお金」欲しいでしょ？
かわいーからチップいっぱいもらえそう…
うーん…でも欲しいものはなんでもあるしなぁ…

今の暮らしに不満はないの！
すげー古いパン焼き機
4口中3口死んでるコンロ（最後の1口も瀕死）
義母チョイスのジジイ服
ボロボロのバブーシュ
まぶしいッ!!
すばらしいけどなんか
泣きそう!!
家事や育児はできて当たり前だけど外でお金を稼ぐのはやっぱり大変なことよ…
そーかなぁ…
そんななか家のまわりで悪臭が
ぷーん
くっさー

なに
このニオイ!!
早く
お隣に
避難しましょ!!
おえっ
うちの下水タンクがいっぱいになっちゃったのよ!
モロッコの田舎では下水システムが整っていないため各家にタンクがあり
日本
下水直通
モロッコ
バケツや簡単なポンプで各自で処理
一杯になると掻い出して川に流さなければならないのだ
その汚水まみれの作業は
半日近くかけて行われる…
これはどの家でも「男の仕事」と決まってるのよ
このときばかりは本当〜〜〜に女に生まれて良かった!!って思うわね
ハンドレラ《神様のおかげ》!!

I ♡ 食っちゃ寝

第3話

インシャッラ
日本人にも便利な言葉

افعل مع الزوج المسلم بطريقة ما

HASNA
Presents

明日 晴れるかな
インシャッラ
インシャッラは アラビア語圏では よく耳にする言葉
今度お茶しよう
インシャッラ
来週から 夏休みでしょ?
インシャッラ
大きくなったら サッカー選手に なりたいな
インシャッラ
未来のことを 話す時に使用する
直訳すると
〝神《アッラー》のおぼしめす ままに〟
未来のことは 神さまにしか わからない
じゃぁと やっといて
インシャッラ
これくらい おぼしめされんでも やれヤッて 思うけど

このインシャッラも
信仰の義務の1つなのだ
イスラム教の信仰には
「五行六信」という基本があり
〝五つの行うべきこと〟
に加え
礼拝や
喜捨
とかネ
〝六つの信じるべきもの〟
がある
一つ目はもちろん
神《アッラー》
唯一全能の
神を信じなさい
二つ目はなんと
天使《マラーイカ》!!
神が光から創造した
存在だそうで
最後の審判で
ラッパを吹く天使
とか いるらしい
三つ目は
啓典《キターブ》
コーランに
代表される
神からの啓示ですね
四つ目は
使徒《ラスール》
ムハンマドをはじめ
キリストやモーセも
使徒に数えられる

五つ目
来世《アーヒラ》
「最後の審判」と その裁きによって 行く 「楽園《ジュンナ》」や「地獄《ジャハンナム》」の 存在を信じなさい
楽園には いくら飲んでも 酔わない美酒が あるらしいよ
酒は 酔ってナンボ でしょ
そして六つ目が
定命《カダル》!!
すべてのことは 全能の神の意志によって あらかじめ定められている というもの
これがインシャッラ 多用の由縁だと 思われる
たとえば
明日 ※クスクス 作って♡
※北アフリカの伝統料理
インシャッラ
弟嫁 ファティマ
私は 明日の朝 起きたら
小麦をふるって クスクスの準備を しましょう
طحين
Tahin
・クスクスは小さな粒状のパスタ これを使った料理もクスクスと言う

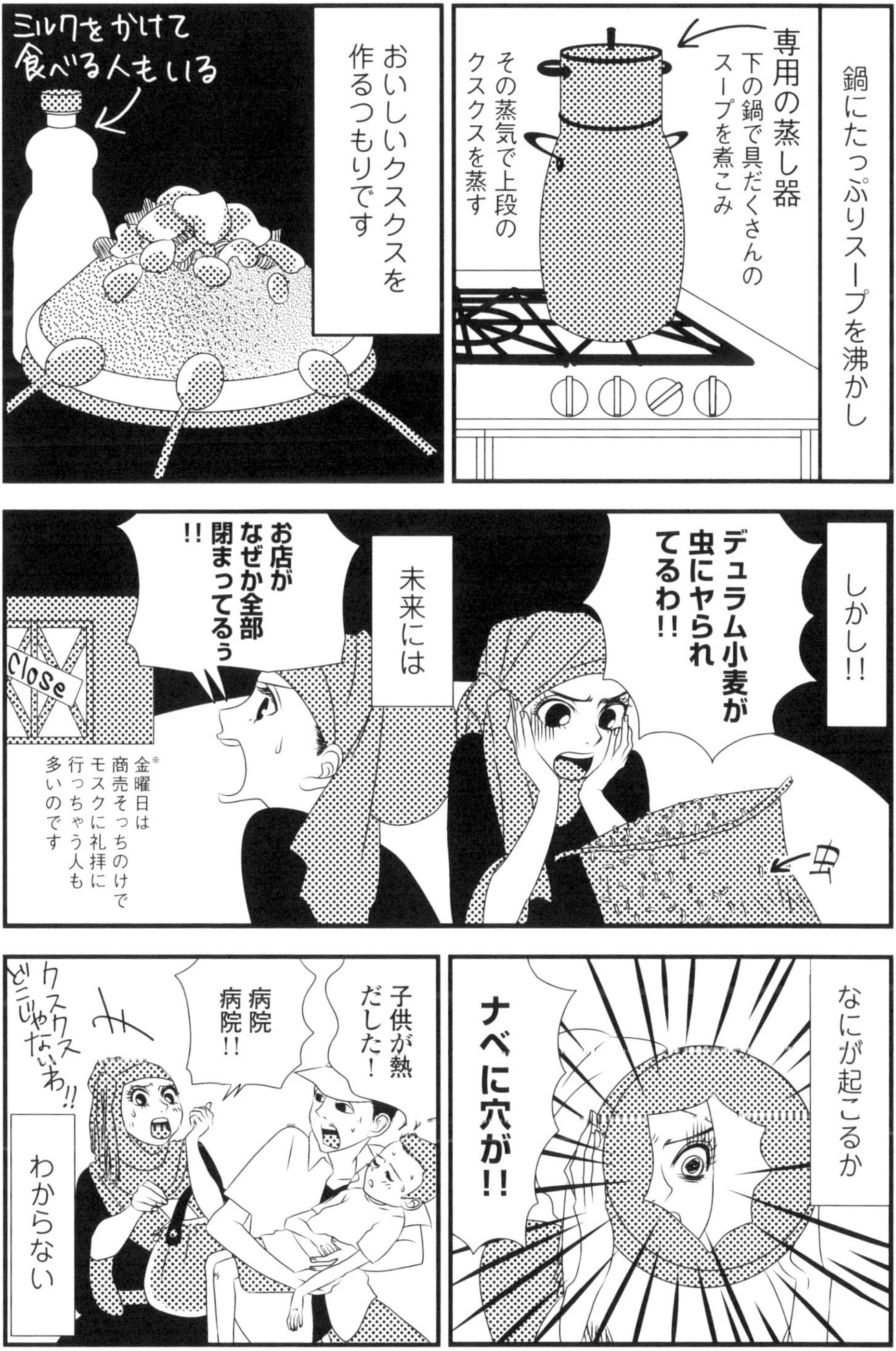
鍋にたっぷりスープを沸かし
専用の蒸し器
下の鍋で具だくさんのスープを煮こみ
その蒸気で上段のクスクスを蒸す
おいしいクスクスを作るつもりです
ミルクをかけて食べる人もいる
しかし!!
デュラム小麦が虫にヤラれてるわ!!
虫
未来には
お店がなぜか全部閉まってるぅ!!
Close
※金曜日は商売そっちのけでモスクに礼拝に行っちゃう人も多いのです
なにが起こるか
ナベに穴が!!
子供が熱だした!
病院病院!!
クスクスどこじゃないわ!!
わからない

本当にその約束が
果たされるかどうか
わかっているのは
神《アッラー》だけなのです
だから どんなに
小さなことでも
私に断言することなど
できないの…
すべては
神のおぼしめすままに《インシャッラー》…
謙虚すぎるッ
ちなみに
アジズからの
プロポーズも
結婚しよう
幸せにしてくれる?
インシャッラ!!
そこは約束して
ほしかった!!
神がなんと言おうが
オレが幸せにするって
言ってほしかった!!
アージズ
幸せだから
いいのよ
ハンドレラ
当然
神様のおかげ

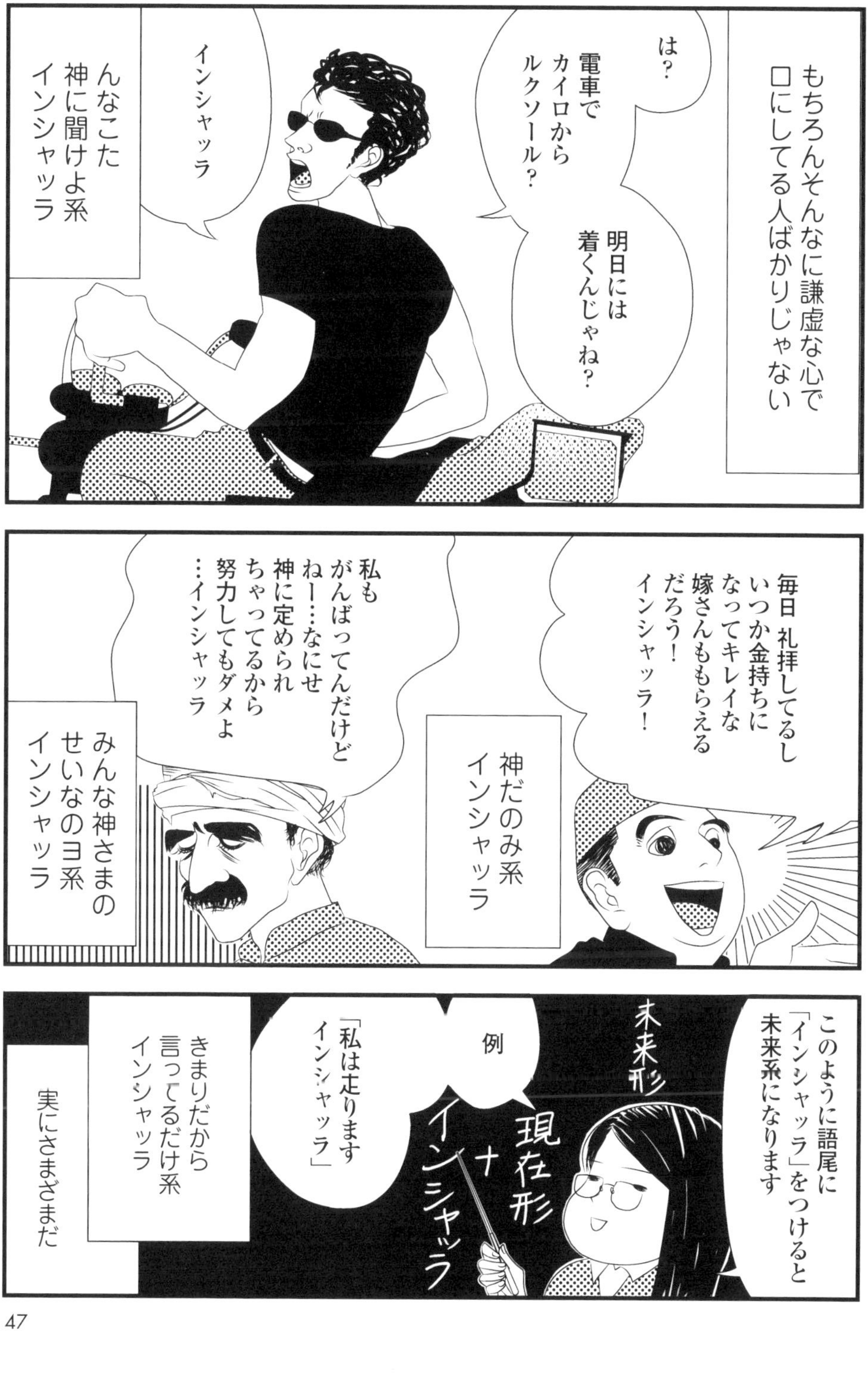

もちろんそんなに謙虚な心で口にしてる人ばかりじゃない
は？
電車でカイロからルクソール？
明日には着くんじゃね？
インシャッラ
んなこた神に聞けよ系インシャッラ
毎日 礼拝してるしいつか金持ちになってキレイな嫁さんももらえるだろう！インシャッラ！
神だのみ系インシャッラ
私もがんばってんだけどねー…なにせ神に定められちゃってるから努力してもダメよ…インシャッラ
みんな神さまのせいなのヨ系インシャッラ
このように語尾に「インシャッラ」をつけると未来系になります
未来形
例
「私は走りますインシャッラ」
現在形
＋
インシャッラ
きまりだから言ってるだけ系インシャッラ
実にさまざまだ

ハサンも出会った頃はテキトーなインシャッラを連発していたな…
ハロー ニホンジン どこ行くの？
マラケシュ経由でシャウエン
シャウエンならここから直行バス出てるよ
ローカルバスだからガイドブックには載ってないけど
シャウエン
この町
マラケシュ
マラケシュ戻るより早いよ インシャッラ
マラケシュまで出ないと交通手段がないと思ってたけど…直行便があるならその方が助かる!!
しょーがないのでマラケシュに行く他の旅行者たちと長距離タクシーシェアしていこうとしてた
というわけで私は違うルートで行くね！
ソーリー
グッバイ
OK
Good Luck!
とマラケシュへの確実な交通手段を放棄してバスオフィスへ向かうと…

ああ そのバスなら
今日はもう満席だよ
犠牲祭まではもうずっとこんなカンジかな
乗車率130%
補助席は使わず満員電車内のように通路にもいっぱい立ってる→
ど〜んっ
どっかの国みたいに車体の上まで乗ってないだけマシなのか??
立ち乗りでよければ明日早く来れば乗れるかもしれんが…
ほしょーはできんな。インシャッラー
ガーン
シャウエンまで9時間はかかるぞ!!
もう犠牲祭の時期かー
忘れてた
こんなんだったらさっきの人たちとマラケシュ行っとけば良かったー!!
立ち乗りバスの9時間なんてぜったいヤだー
じゃいっそのこと犠牲祭終わるまでここにいれば?
羊くらいごちそうするよ!

きっと楽しいよ！
インシャッラ！
……
でも通りすぎるだけの予定だった その村は
とてもステキな所で
ここでゆっくりできて良かったかも…
たまってたせんたくもできたし
今思えばこれも〝神のおぼしめし〟だったのかもしれない

しかし当時は「インシャッラ」の意味もよくわからずに
それってどういう意味??
英語で言うと…
Tomorrow is Another day!
かな？
へー
明日は明日の風が吹く的な??
もはや「神」カンケーなくなってる系
そんなハサンも最近は
「インシャッフ」を使うことが減った気がする

明日
晴れるかなー
えんそく
70%
雨だって…
スマホによると
帰りに
ガソリン入れて
来れる？
残業
なければ
大丈夫
明日は9時には
出発するよ～
おでかけ！
じゃあ
目ざまし
かけとくね～
日本での生活に慣れてきたら
当然のことかもしれないけど
ちょっとさびしい気もする…
それどころか
アシア
将来 美人に
なれるかなぁ…
今は
おもしろい
顔してるけど
に○か
せんぺいに
似てる

なるよ
絶対なる
つーかもうなってる
神に代わって断言までする今日このごろ…
だけど両親と話すときはやっぱり…
ハサン元気かい？
うん 仕事も頑張ってるよ
じゃあ その調子でガンバっていつかメッカにつれていってね♡
……インシャッラ
使ってます
まぁ 大変だけどいつかは行かせてあげたいよね…
できればワタシたちも行こうよ
メッカ
え
インシャッラ
たまに私も使ってます

モロッコ小話❶

時計

モロッコのカフェにあった
掛け時計

立派だったけど
かなり
時間がおくれていた

アラブ人は時計が大好きらしい

第4話

なぜ私がムスリマ《イスラム教徒》になったか

أفعل مع الزوج المسلم بطريقة ما

HASNA
Presents

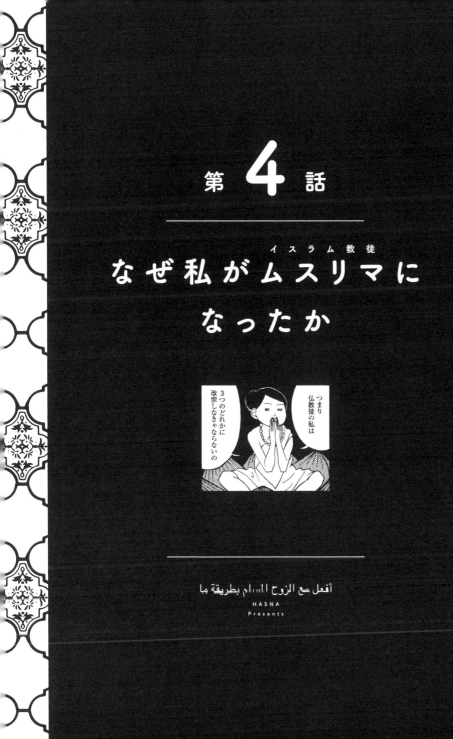

サラーム《こんにちは》
アレイクム
こっちは
みんな元気に
やってるよ
ハンドレラ《神様のおかげで》
ハサン(38) 在日
5年のモロッコ人
ピ
父さんも
母さんも
お祈り中?
じゃあ また
かけ直すよ
プシュ
BEER
ごくっ
ごくっ
ごくっ
BEER
ぷはーっ
サイコーっ
イスラム教徒。

イスラム教では飲酒は禁じられているが
実はこういう人もけっこういる
夏はやっぱビールだな
パパーっ
やっぱりここにいたゴハンだよ
アシアーーっっ
よしよし
きょうおすしだよぉっ
やったー
スーパーで買ったやつだけどね
アシアも5さいになったらおすしたべれるんだよーっ
あとビールものむ。
パパみたく
ピクッ
ダメだよっっアシアはムスリマなんだからっっ
あんたが言うか
イスラム教徒の子は自動的にイスラム教徒なのだ

ちなみに私もイスラム教徒
ハサンと結婚する際改宗しました
イスラム教徒の結婚相手は制限されており
ムスリマ(イスラム教徒の女性)はムスリム(イスラム教徒の男性)としか結婚できない
でもなぜか ムスリムにはもう少し選択肢があり
ムスリマか
キリスト教徒《クリスチャン》か
ユダヤ教徒《ジューイッシュ》
—のどれかならOK
(キリスト教徒とユダヤ教徒は※啓典の民とされている)
つまり仏教徒の私は
3つのどれかに改宗しなきゃならないの
ユダヤもキリストもピンとこないから
イスラムにしとくか
もちろんイスラムだってピンとこないが

※同じ唯一神の啓典を奉じる民

ハサンを見てると そんなに大変じゃなさそうだし
ワタシがこんなんだから アナタになんか守れとか言わないよ
トルコのモスクでアザーン（礼拝のよびかけ）を聞いた時は感動したし
改宗手続きも 1番ラクそう
キリスト教は ミサに通って 洗礼式… ユダヤ教は さらに いろいろ大変ぽい…
これはけっこう 大きな理由
そこで1度コーランを 読んでみることに
コーラン 上 中 下
アラビア語以外に 訳されたものは コーランと 認められないらしいが…
日本語じゃなきゃ わかんないもんね～ ちゃんと文庫本 出てたし
お手軽っ

それを読んだら疑問が解けた
なるほど!
なぜハサンはろくにムスリムらしいことをしないくせに
ワタシはムスリムだよ!!
神《アッラー》は偉大《アクバル》なり!!
なんて言い張れるのか
「信じてないから従わない」なら わかるけど
「信じてるけど従わない」のはナゼ??
コーラン中に何度も出てくる言葉がその答えかも…
まことにアッラーはよくお赦《ゆる》しになる情《なさけ》深い御神におわします……
あいつ…何やってもゆるされると思ってるな!?

イスラム教徒の行うべき義務の1つに
〝信仰告白〟というのがある
信仰告白《シャハーダ》
（五行その1）
〝アッラーの他に
神はなく
ムハンマドは
その使徒である〟
とアラビア語で
宣言するのだ
それを敬虔《けいけん》かつ公正な
2人のムスリムの前で
行えば
今日からアナタも
イスラム教徒!!
というわけで 結婚に際し
私も改宗のため※結婚裁判所で
宣言することに
※婚姻関係の手続きをする役所
アシュハド
アンナ
イッラッラ〜
？？
ラ・イラハ
が
ぬけてるっ
なんか
ゆるいアドゥル※
※役所の人
へーッ ジャポン？
めずらしいねー
オッケー
宣言してして

えっ
ここで!?
どこに敬虔な
2人のムスリムが?
1
2
アッラー アクバル…
アシュハド アンナ イラハ
イッラッラー…
え～と
イッラッラー…
ムハンマドゥンっ
ちょ
待って!
もう1回
やり直しっ
いーよ
いーよもう
宣言しようとした
その気持ちだけで
キミはもう
ムスリマだ!!
証書もだす!
ゆるっ
シュクラ・ン
(ありがとう)
どうしても・言いたきゃ
カ・ペ見て・言って
いいよ
敬虔かつ
公正なムスリムが
1人もいなくて助かった
後日ラバトの役所で会った
日本人女性いわく…
改宗って本当に
大変ですよね
イスラムのこと
いろいろ聞かれて
わからないと
出直し…
3日
かかりました
アジかっ
地域差スゴイ

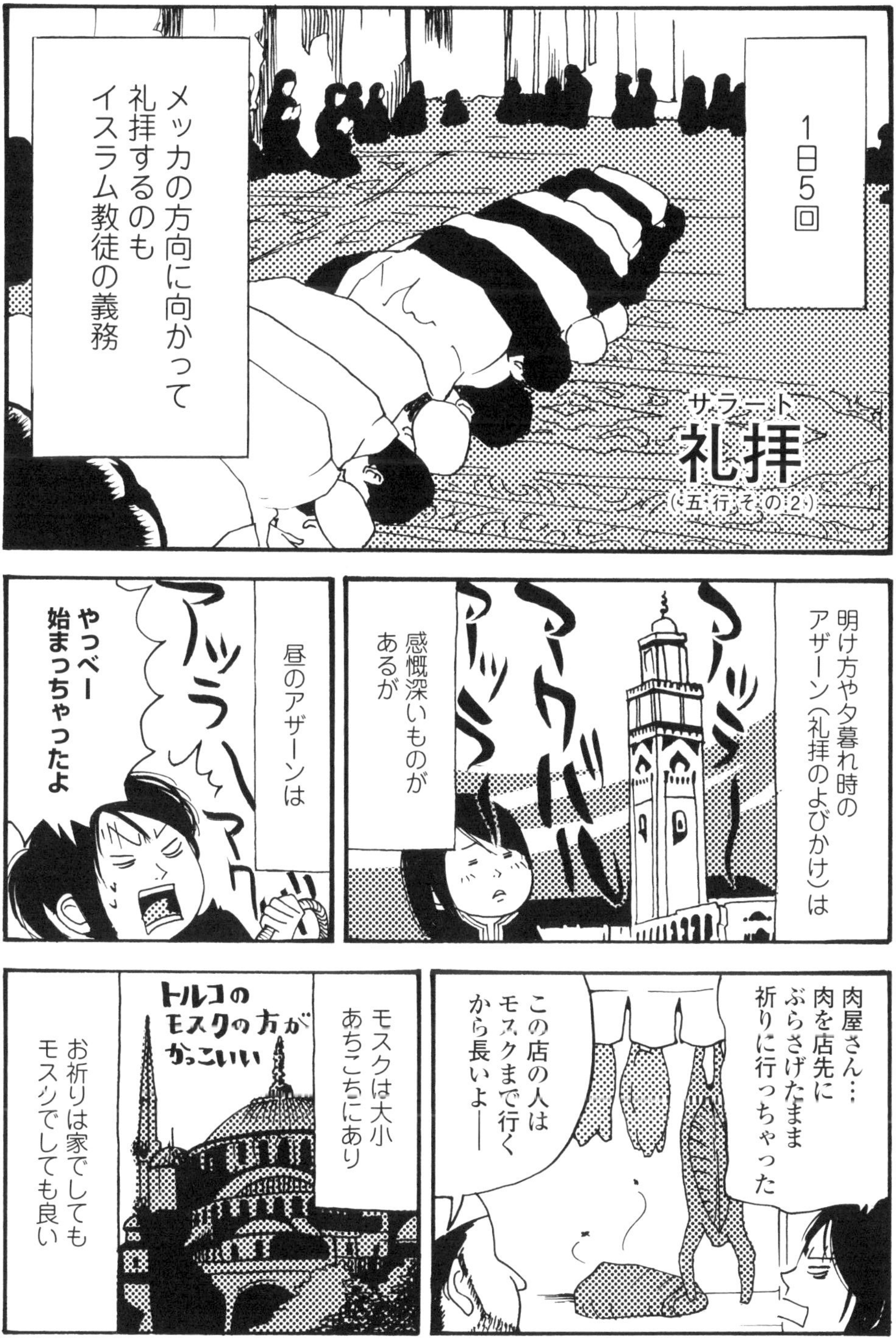
1日5回
礼拝《サラート》
（五行その2）
メッカの方向に向かって礼拝するのもイスラム教徒の義務
明け方や夕暮れ時のアザーン（礼拝のよびかけ）は
感慨深いものがあるが
昼のアザーンは
やっべー始まっちゃったよ
肉屋さん…肉を店先にぶらさげたまま祈りに行っちゃった
この店の人はモスクまで行くから長いよー
モスクは大小あちこちにあり
トルコのモスクの方がかっこいい
お祈りは家でしてもモスクでしても良い

でも祈る人も
祈らない人もいる
ハサンの家族でも
祈る派
祈らない派
息子サン2人とも
礼拝しないけど
いいんですか？
父親として
まー… ワタシも
若い頃は祈って
なかったからね
ハサン父
祈りたくなったら
祈ればいいさ
その時は
いつか必ず
くるから
人が強制すべきじゃないよ
ワタシとしては
早めに
「その時」が
きてほしい
けどね
ハサン母
ちなみにハサン母の妹夫婦は
メッカ巡礼を果たしており
ハサン母の妹
夫
二男三女
子だくさん
一家全員が敬虔な
イスラム教徒（比べちゃうのかな）

私は小さい頃から祈ってたわ！
学校でもコーランの成績良かったのよ！
※授業科目らしい
弟嫁ファティマ
ラマダン中だけ祈る人もいるが
その時だけ祈ってもね～
ハサン弟
逆に罪深いな
ハサン兄弟は 祈らない
ラマダン中のある日祈りの光景…
やっぱラマダン中はいい映画やるな
祈らない人→ 祈る人↘ うっかりメッカの方向に座ってしまい祈られてる人↓
ビスミッラ
なんかすみません…
しかもエロマンガ!!

たいてい一家に1冊は
コーランがある
コーラン
わぁっ本場のアラビア語のコーランだ！
ちょっと待ったぁ!!
コーランを触る前には手・足・顔（口や耳も）を3回ずつ清めなきゃダメなんだよ！
親の前でちょーしこく→
その通り
じゃあ洗ってくる！
でも今断水中だよ
砂漠あるある
どうすりゃいいの!!
触らなきゃいいんじゃない??
こうしてお祈りから遠のいたっぽい人々→

そういえば私 日本語のコーラン風呂で読んでたわ…
そんな神聖なもの
しわ
しわ
大丈夫大丈夫! 日本語のなんてコーランじゃないから!
それ読破したからって敬虔ぶるのナシね!
ウェルカム トゥーザ ダメ ムスリムワールド
ちなみに断水や外出時など 水で清めるのが困難な時は
なめらかなものがオススメ
石で清めてもヨシ
手足はコレでこすり…
かかとの角質ケアみたい…
よく石でこすった手指で顔も清める
清まってる?
気持ちの問題だね

モロッコ小話❷

テレビ1

実はモロッコはテレビ大国
でっかいパラボラアンテナを取りつければ
周辺諸国のテレビ番組を勝手に傍受できちゃうのだ!!
取りつけ方はいたってアナログ
1人は屋根でアンテナを動かし
他の家を参考に向きを合わせてから微調整
もう1人はテレビの映り具合をチェック
58
60
あっ 24っ
受信できそうパーセンテージが画面に出る
やった! 映った!!
すごい!! これどこの国の番組!?
わーい
視聴できるプログラムは無限大! ほとんどは わからない言語だけど気にしない!!

モロッコ小話③ テレビ2

第5話

喜捨の精神

日本人には理解しがたい？

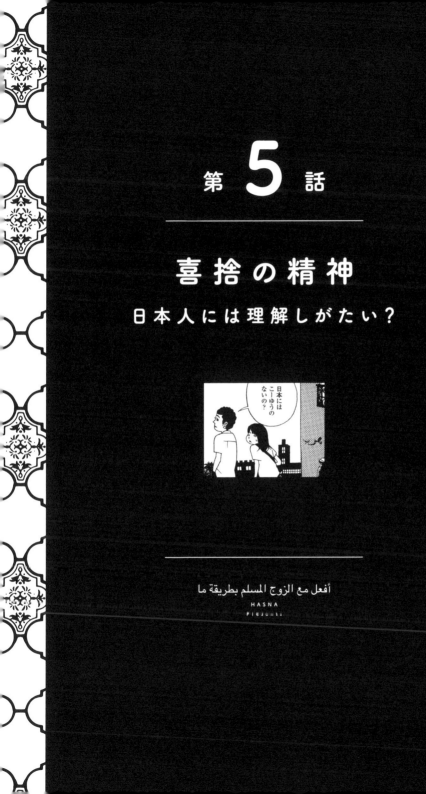

أفعل مع الزوج المسلم بطريقة ما

HASNA

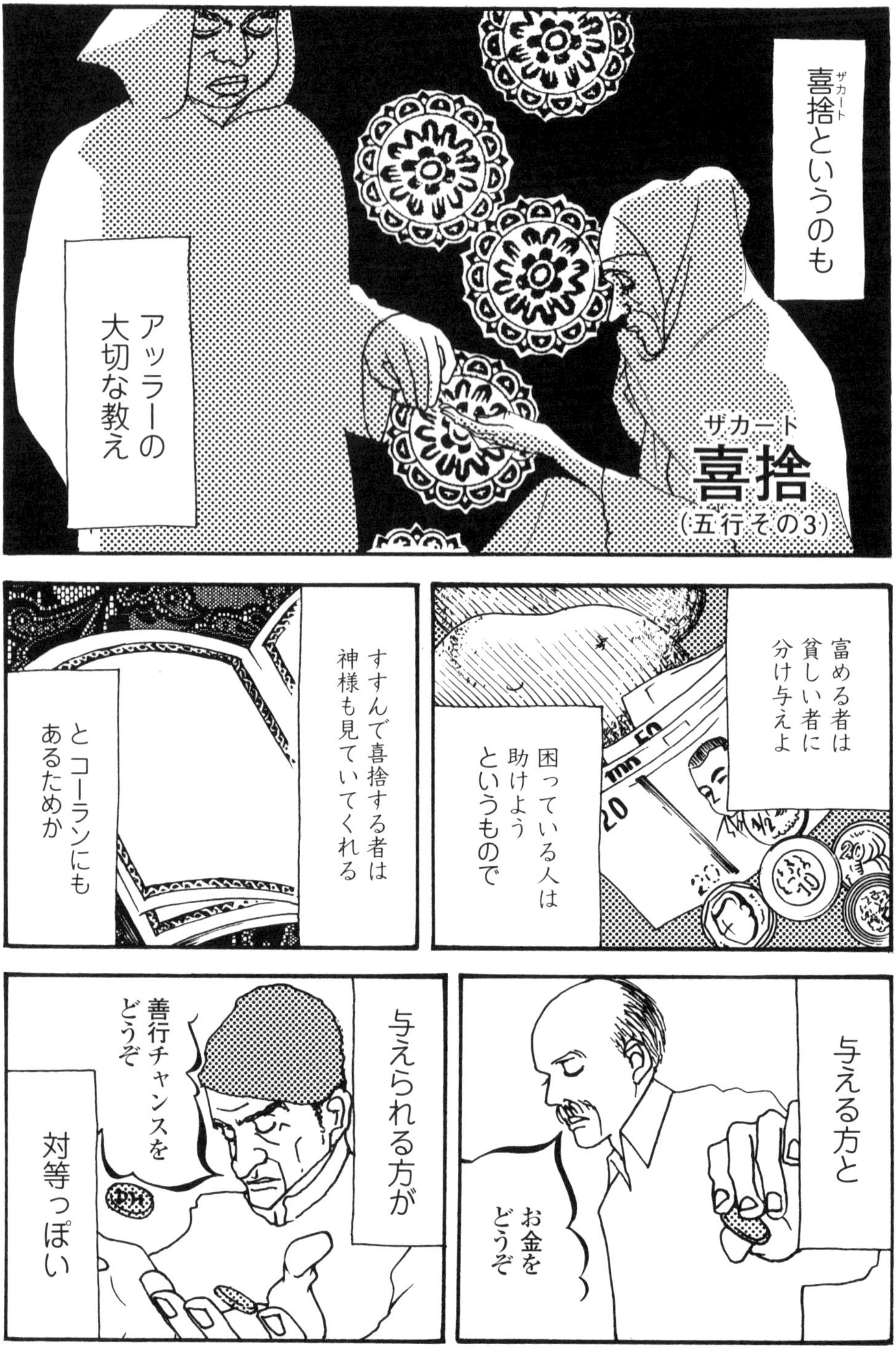
喜捨《ザカート》というのも
アッラーの大切な教え
喜捨《ザカート》
（五行その3）
富める者は貧しい者に分け与えよ
困っている人は助けようというもので
すすんで喜捨する者は神様も見ていてくれる
とコーランにもあるためか
与える方と
お金をどうぞ
与えられる方が
善行チャンスをどうぞ
対等っぽい

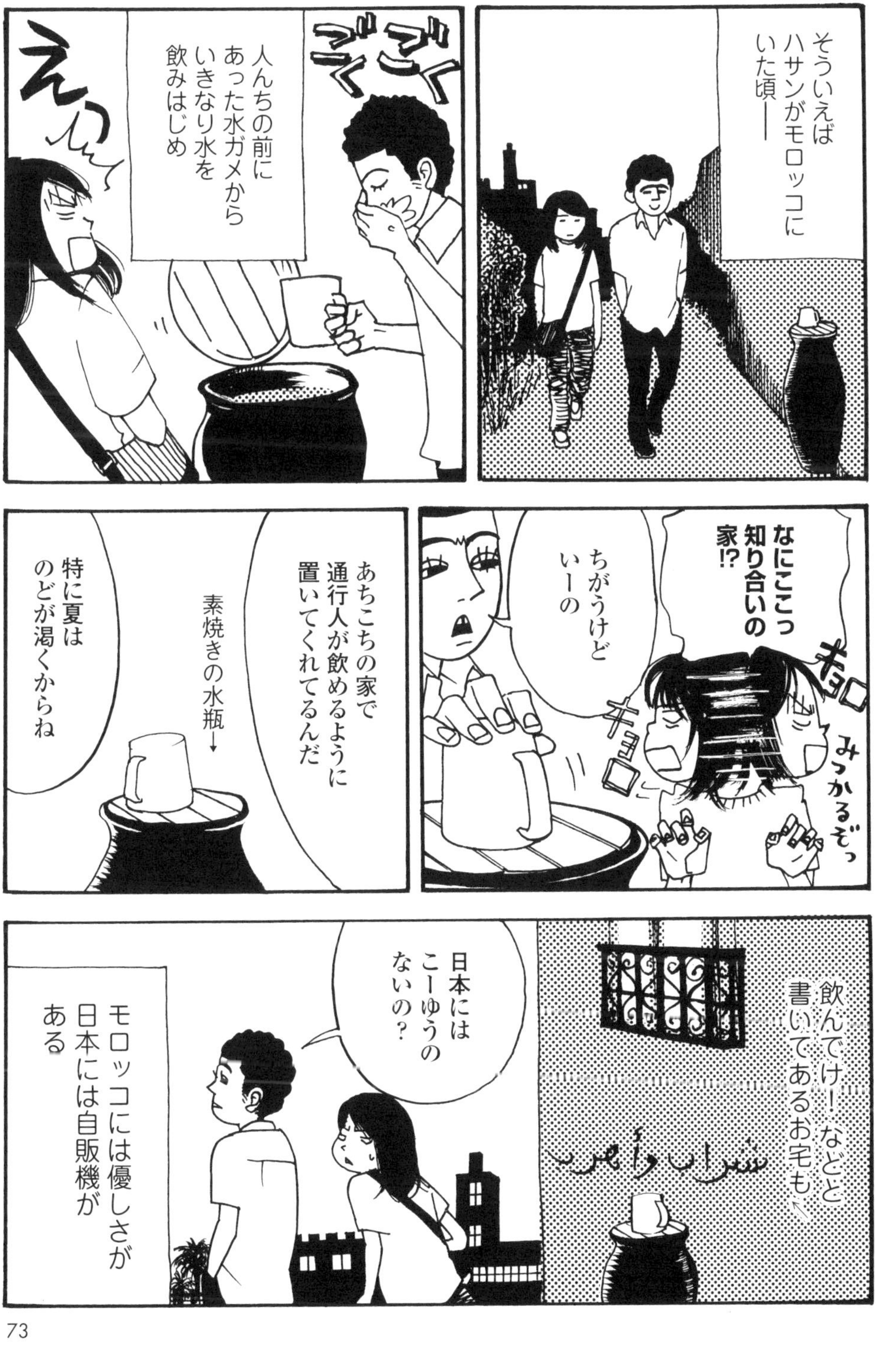
そういえば
ハサンがモロッコに
いた頃――
ごくごく
人んちの前に
あった水ガメから
いきなり水を
飲みはじめ
えっ
なにここっ
知り合いの
家!?
キョロ
キョロ
みつかるぞっ
ちがうけど
いーの
あちこちの家で
通行人が飲めるように
置いてくれてるんだ
素焼きの水瓶↓
特に夏は
のどが渇くからね
飲んでけ！などと
書いてあるお宅も
日本には
こーゆうの
ないの？
モロッコには優しさが
日本には自販機が
ある

そういえば こんなことも…
あーもう 昼どきか
ぐぅ
お昼 なに 食べよっかなーー
طاجين
ひとりでブラブラ していると
マダム ボン※1 ボン
ラージョ※2 ラージョ
※1 お菓子
※2 お金
げ〜〜っ 出たーっ
モロッコには外国人を 見るや タカってくる 子供がいっぱいいる
オカネない
カタコトの 現地語で 貧乏ぶる
タベモノない
……
……

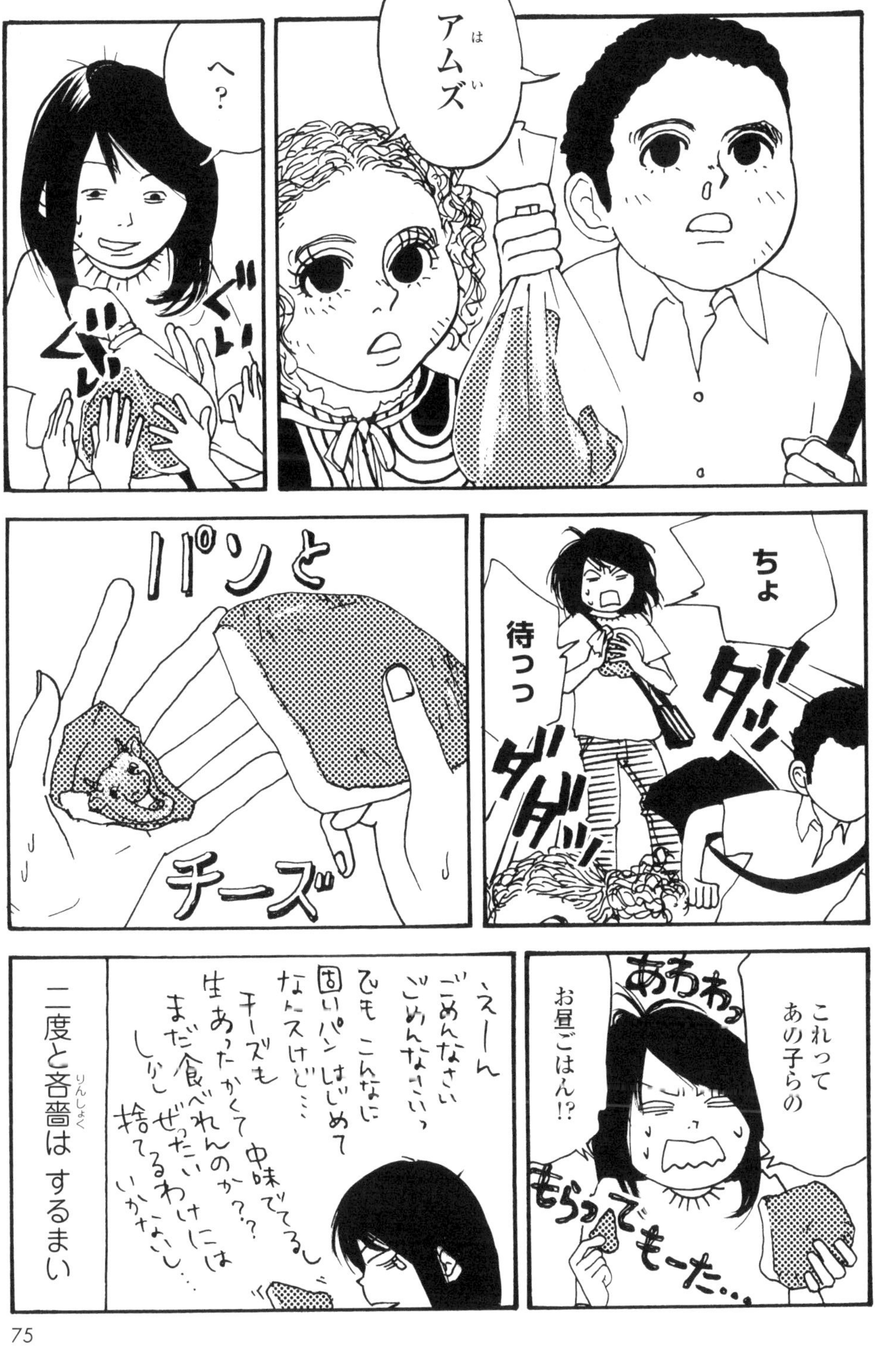
アムズ《はい》
へ?
ぐいぐい
ちょ
待っっ
ダッ
ダダッ
パンと
チーズ
あわわっ
これって
あの子らの
お昼ごはん!?
もらってもーた…
えーん
ごめんなさい
ごめんなさいっ
でも こんなに
固いパンはじめて
なんスけど…
生あったかくて 中味でてるし
チーズも
まだ食べれんのか???
しかし ぜったい
捨てるわけには
いかないし…
二度と吝嗇《りんしょく》は するまい

「ラマダン」は知ってる人も多いかも
断食《サウム》
(五行その4)
「イスラム暦9月」のことでその1ヶ月は日の出から日の入りまで断食する
空腹に耐えることで貧しい人の辛さをわかち合うためらしいが
ぐぅ
日没後の食事は超ゴージャス!!
ラマダン中はいつも以上にお金がかかって大変なんですぅ
イスラム家庭の主婦談
ガツガツ
バクバク
ゴクゴク
最近は本末転倒ぎみだとか

ちなみにラマダンの日中は喫煙や性行為もダメ
日没後はOKだが 性交したら日の出までに全身を浄《きよ》めるべし！
礼拝前の手洗いなどが小浄《ウドゥル》というのに対し
こっちは大浄《グズル》だよ！
体は右側から洗いはじめ
毛が生えている所
手の甲
ちなみに生理中はラマダンができないため
人目につかない所でこっそり食べるの
そのぶん女性は ラマダン終了後に1週間ほどの追ラマダン(?)をする
あれ？まだやってるの？
アレでアレだったのヨ
シー
名ばかりのムスリムハサン兄弟も
ラマダンだけはやっている
1日がんばったあとのごちそうサイコー
今日もおつかれ！
……
イベント感覚なのは否めないが…

※日没後の食事 たいていはごちそう

あんなにゆるいハサンが唯一守ろうとしてる義務
がんばってほしい気もするが
この猛暑で水飲まないなんて熱中症まっしぐら!!
AM 3:00
日の出前の食い・・・だめで寝不足だし――
なんかないかな～打開策・・・
そこで例のコーランを開くと
ラマダン月中に病気や旅行中の者は後日その日数やり直せばよい
さすがアッラーよくお赦しになる!!!
たしかに今は長い旅行中みたいなもんだし
このままやったら病気になってどのみちラマダンできなくなるなあ!!
そんな口実まってた!!
やむをえまい・・・日本ではラマダン中止!!
酒控えるくらいできんじゃない?
プシュ
ビール
現在170日分「追ラマダン」たまっております(泣)

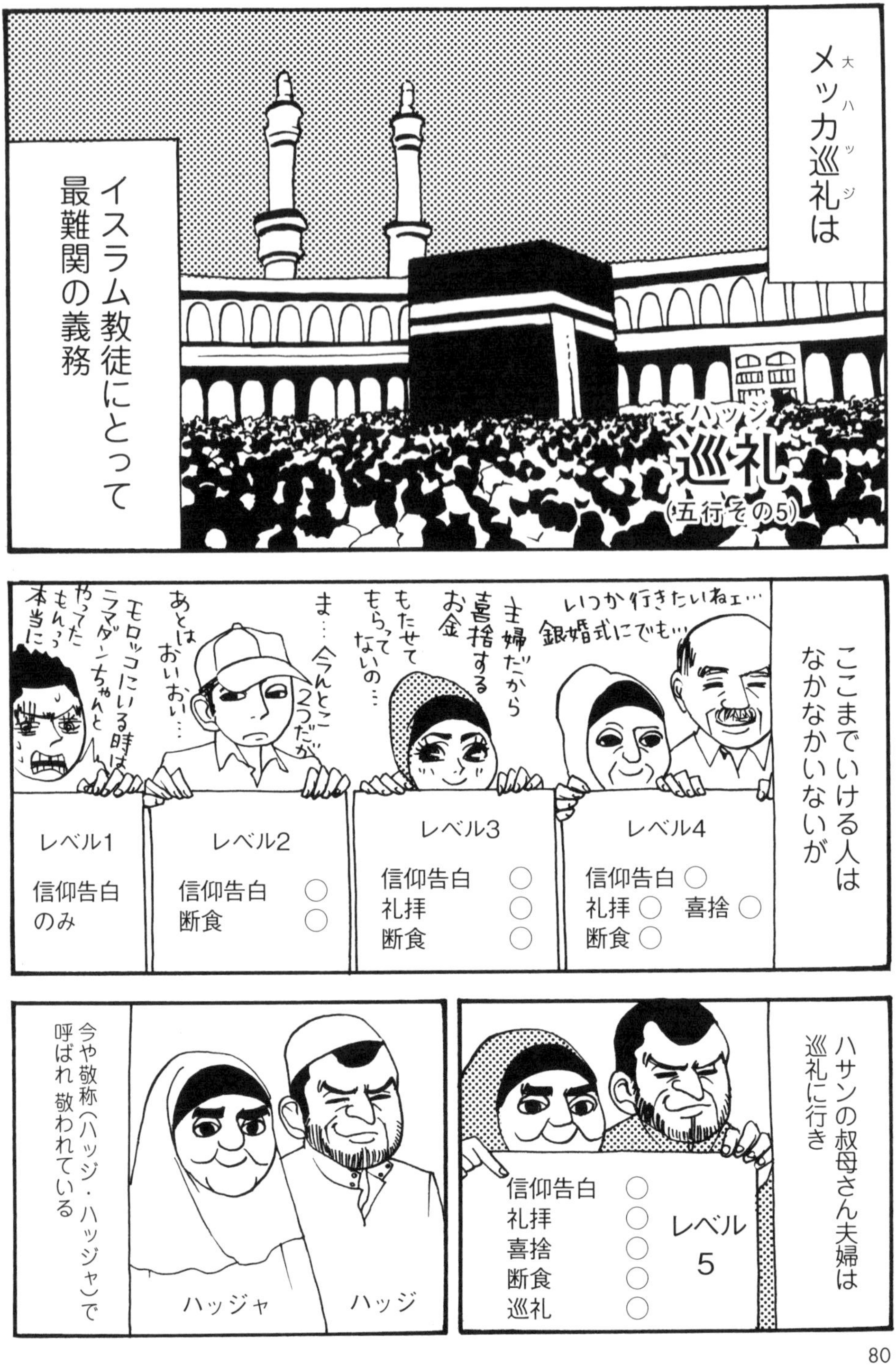

メッカ巡礼《大ハッジ》は
イスラム教徒にとって最難関の義務
巡礼《ハッジ》
(五行その5)
ここまでいける人はなかなかいないが
いつか行きたいねェ…
銀婚式にでも…
主婦だから喜捨するお金もたせてもらってないの…
ま… 今んとこ2つだが
あとはおいおい…
モロッコにいる時はラマダーンちゃんとやってたもん…っ本当に
レベル4
信仰告白 ○
礼拝 ○ 喜捨 ○
断食 ○
レベル3
信仰告白 ○
礼拝 ○
断食 ○
レベル2
信仰告白 ○
断食 ○
レベル1
信仰告白のみ
ハサンの叔母さん夫婦は巡礼に行き
信仰告白 ○
礼拝 ○
喜捨 ○
断食 ○
巡礼 ○
レベル5
今や敬称(ハッジ・ハッジャ)で呼ばれ敬われている
ハッジ
ハッジャ

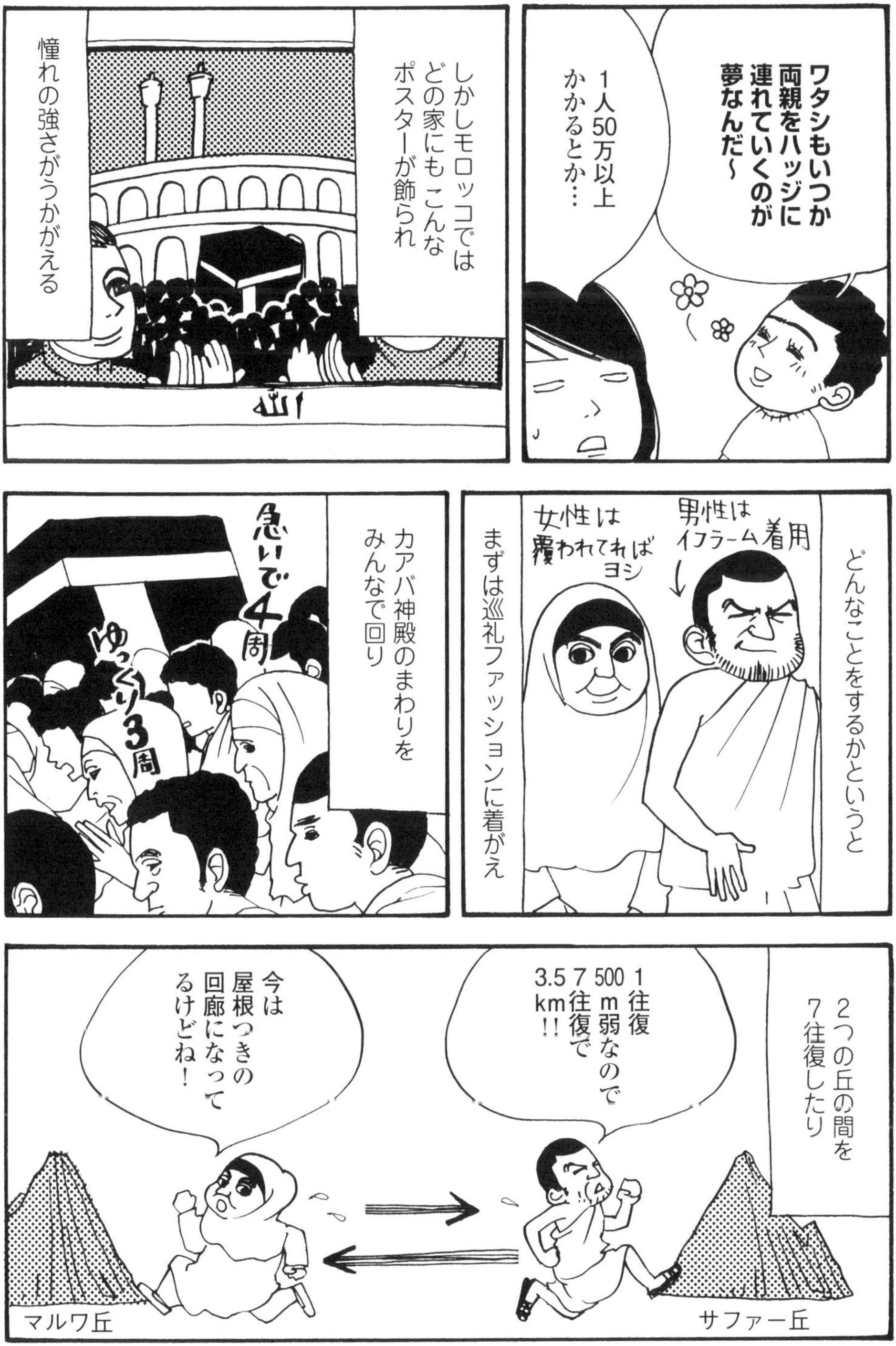
ワタシもいつか両親をハッジに連れていくのが夢なんだ～
1人50万以上かかるとか…
しかしモロッコではどの家にもこんなポスターが飾られ
憧れの強さがうかがえる
どんなことをするかというと
まずは巡礼ファッションに着がえ
男性はイフラーム着用
女性は覆われてればヨシ
カアバ神殿のまわりをみんなで回り
急いで4周
ゆっくり3周
2つの丘の間を7往復したり
1往復500m弱なので7往復で3.5km!!
今は屋根つきの回廊になってるけどね！
サファー丘
マルワ丘

山に登ったり
アラファト山
ここで一晩野宿して祈るんじゃ!
壁に投石したり
壁を悪魔《シャイターン》に見たててるわけ!
生贄《いけにえ》を屠《ほふ》ったりする
1人1頭羊を買って捧げるんじゃ!
生贄チケットを買って後日捧げてもらうのもアリよ
なんか前半部活っぽい…
たしかに体力勝負!
叔母夫婦の巡礼費を援助した息子たちいわく…
早い方がいいぜーっ
(ハサンのイトコ)
両親がトシくっちゃうと…
すごいアラブ顔兄弟

現地ガイド付 巡礼ツアー
オプション
介護スタッフ つけられます!
プラス10万で
――てなことに なりかねないし
巡礼地から離れた キャンプ地にてザコ寝
オプション
巡礼地すぐの 五ツ星ホテルに宿泊!
プラス20万で
年とると 移動もザコ寝も キツイからなー
あげく
暑いサウジアラビアでの苦行で体調くずしたり
人ごみでの事故で死者が出ることもあるらしいからな
ひぃ〜〜〜っ
とゆーわけで 一刻も早く 実現しないと!
宝くじでも あててくれ
宿泊設備やインフラも整備され
巡礼観光?は 石油に次いで サウジの貴重な収入源と なっているようだ

モロッコ小話❹

ミントティー

モロッコのティータイムは

お砂糖たっぷり
ミントティーで決まり

高いところから注ぎ入れ
泡をたてるのがポイント
じょぼぼぼぼーっ
表面に一周
ターバンのように
泡が立ったら
美味しく入ったしるし
泡のある
飲みものって
いいよね〜っ
ではワタシはこちらを
なんで？

モロッコ小話5
タジン

タジン

日本でも少し前に
ハヤリましたね
実はモロッコ発祥
です

※このナベもこれで作った料理も「タジン」と呼ぶ

モロッコ人はタジンが大好き
今日は1日畑でオリーブ拾いだよ
お弁当の支度していきましょう
うちから畑は片道1km
ガス↓
中身入りタジン↓
2人とも重そう…
↑パン
オリーブを拾ってる間に煮込めば
お昼はちょうどタジンどき
ここまでせんでもサンドイッチじゃダメなのかい？

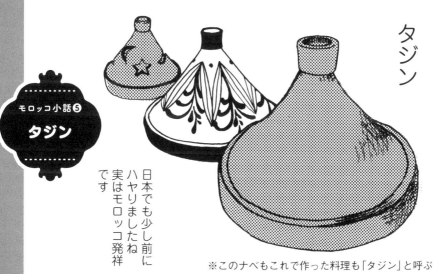

第6話

相互扶助

実践したら喧嘩になる？

أفعل مع الزوج المسلم بطريقة ما

HASNA
Presents

それは
この間のことだった
この人は
キューバ人 ←
近所に
モロッコ人の
友達いるぜ!
呼んでやるよ
友人つながりで
在日モロッコ人
に会えることに
前に市役所で
市内に
私の他には1人
だけって聞いた
けど
その
もう1人に
会えるんだね!
どんな人だろう
わくわく
もう20年も
日本にいる
らしいよ
さ
あ 来た
モハ!!
(仮名)
さ
サラーム
アレイクム!!
……
サラーム
ちょん…

ようっ 久しぶりーっ 元気かー?!
……
え…!?
なにこれっ
嫌われるようなことは まだ何もしてないはずだし…もし逆の立場なら
よう兄弟!!
日本へようこそ!!
がしっ
困ったことがあったら 何でも言えよーーッ
ぜったい あっつい抱擁する!!
HAHA HAHA
他の人とはあんなにフレンドリーだから よけいにショック!!
これには私もびっくり…こんなところで同郷者に会えたらもうちょいもりあがるかと…
仲よくなれば いろいろ助け合えるだろうし…

ハッ！
もしかすると…
この〝助け合い〟こそが問題では!?
困ったことがあったら何でも言ってね
ありがとうございます
オホホホホホ
ウフフフ
なかば社交辞令的な日本のそれと違って
イスラム社会では本当に
本気でなんでも言ってくる
仕事見つかるまで一家3人めんどう見てくれないか？
3食おやつ付で
そもそもムスリムは「神がついてるから大丈夫！インシャッラ」なんつって
貯金も保険もテキトーな人が多いのに加え
モロッコあたりは収入も不安定なので
ちょっとしたことですぐ困る

タイヤがパンクしちゃって！修理費送って〜〜っ
維持できないなら車を持つな!!
姪っ子がたて続けに結婚!! 祝儀と旅費が大変すぎる〜〜ッ
身内の冠婚葬祭くらい想定内でしょう!!
というわけでワタシの助けが必要なんだ！
ここで日頃のダメっぷりを挽回したい似非《エセ》ムスリム ハサン→
え———ッ このお金でアシアをディ●ニー連れてってあげようって言ってたのに!!
ファミリーがこんなに困ってる時に行っても楽しめるほどステキな場所なの？ ディ●ニーって
送るよっ
送金すりゃいーんだろっ
しかしこのようなヘルプは家族間だけにとどまらない

昔トルコ人のカレシとつきあってた頃…
友人S↓
カレが私に会いに来る時ストップオーバーで寄った韓国で
雪にすべって転んで大ケガ
現地で10日間も入院するハメに
大丈夫？まだ退院できないって
そんなに重傷なの？
イヤもうぜんぜん大丈夫!!
ただ入院費払わなきゃ退院できないらしくてさ
ちょっと送ってくれないかな？
ウン十万
さらっ

は??
なんでいきなりそんな大金…
海外旅行保険とか入ってないの?
入ってないよ!
2人がお互いに会いたいなら
そのために起こった障害は2人でのりこえていくのが当たり前なんじゃないの!?
ワタシはすでに日本への航空券でお金を使い果たした!!
今私を助けられるのはアナタしかいないんだよ!!
なんだか そう言われるとそんな気がする…
貯金くずせばなんとかなるし…
助けないでいるなんて私 悪人!?
――とか思っちゃって送金
STOP!
ふりこめ詐欺
そうしてなんとか再会したけど…
いや――大変だったけど
やっと会えたね!
え?
Are you Happy!?
ごめんとかありがとうとか一切ナシ
??

アーユーハッピー？にはまいったわ…
結局別れたよ
ハハ
思うに
ムスリムと日本人は
相性がよろしくない
基本的に日本人は
貯金をよくする
貯蓄型学資保険
老後に備えて
もしもの時に安心！生命保険
うちの母もよく言ってる
子供に迷惑かけたくないし！
それは
もしもの時に
人様に迷惑を
かけたくないからだ
人生には何が起こるか
わからない
それは
日本人もムスリムも同じ
でもそんな時
なるべく自分で
なんとかしようと
思うのが日本人
よかったー
保険入ってて…
だからこそ
お金は「貯める」べきなのだ
ゆえにそうしないで
人に頼るなんて
許せない
なんで貯めておかないの!?
保険くらい入っとけやッ
対してムスリムは
「いつ来るかわからない
もしもの時」に備えるより
目の前の困ってる人を
助けるのが当たり前
これ使ってくれ
↑トルコリラ

だから助けてもらうのもあたりまえ
お金があるなら出せば「喜捨」だし
もらった方も助かる。
神もそれを見てご満足。
お金を「まわす」
ことでみんな
ハッピーなのが
イスラム流
で
そんな日本人とムスリムが
一緒になると…
備えてあるから
自分は相手に
頼ったりしない
けど
相手は
なにかと
頼ってくるので
私がコツコツ
ためたもの
全部 あんたに
持ってかれん
じゃん!!
あるんだから
いいじゃないか!
ワタシなら
喜んで助ける
けどね!!
当然
こうなる
あのモハ氏も
20年日本に住んで
いるらしいので
考え方がジャパナイズ
されてても不思議はない
そこへ来て
ワタシまだ日本のこと
いろいろわかんないんで
ヨロシクー!!
いろいろ
ヘルプミーっ
こんなのが
現れたら

やべーーーっ
ものっっすごい頼られそう…
私の20年のキャリアをっ
近よらんとこ
ようっ他の友人
スッ
とスルーしたのもうなずける
イヤ 真相はナゾだが…
私だって正直このヘルプはしんどいもの
子供が生まれた時だってお祝いもらうどころか車買うの援助してやったもんね…
うちは1台の軽を2人で使ってんのに??
実家には1台もないんだよ!
オギャーギャーギャー
でも真剣に考えて
実家ばっかり助けてる場合じゃないと思う…
子ども産まれたし…
常に我々の助けを必要としてる彼らが
私たちのピンチに助けてくれるわけないし!!
それなら自分たちで備えておくしかないんじゃない??

その考えは
まちがってる!!
じゃ 助けてくれんのかよっ
困った時に助けてくれるのは「以前助けた相手」ではなく
神《アッラー》だよ!!
出た~
「助け合う」と言っても
援助は往復ではなく
助けるよ!
この前はどうも~
「喜捨」やら
助けるよ!!
ありがたや あの子に幸あれ~
「祈り《ドゥアー》」が神にとどき
神
よし、がんばってるな
なにかのカタチでほうびをやろう…
めぐりめぐってくるものなんだよ
ほんとかよっ

だから神《アッラー》を信じて良いことをしていればいいんだよ!!
ハハハハハ!!
心配ない!!
これが「信じる」ということか!!
コワイけど ちょっと眩しい
でも毎回モメるのも疲れて
父さん今月ピンチみたい
うちもじゅーぶんピンチだけどね
できる援助はすることに
すると なぜか
ハケン先の会社でみとめられて正社員で雇ってもらえることになった!!
キャーーッ JALの旅行券が5万円も当たった!
ハケンの給料少なくて大変なのに実家を助け続けたからかな……
正社員は作業服がもらえる
JALパックのディ●ニーリゾートツアーってのに使えるっぽい!!
なのに結局沖縄行った
ちなみにこの漫画の仕事のお話いただいたのも
イスラム漫画描きませんか
描きたいですッ
いいんですか
何度目かの送金をした直後だった…

神様《アッラー》・・・
もしや本当に見てて下さってるんスか…??
もちろん!!
考えてみれば
20€札1枚だけ握りしめて来日したハサンも
今や仕事もあって子供もいる
健康だしマイカーだってある
善行がめぐりめぐってくるというイスラム的相互扶助
今月も厳しいけどな!
いわゆる「情けは人の為ならず」ってことかもしれません

いろいろヘルプミーっ

第7話

イスラムの結婚式

私の場合

أفعل مع الزوج المسلم بطريقة ما

HASNA

※父はもう戻ってきました

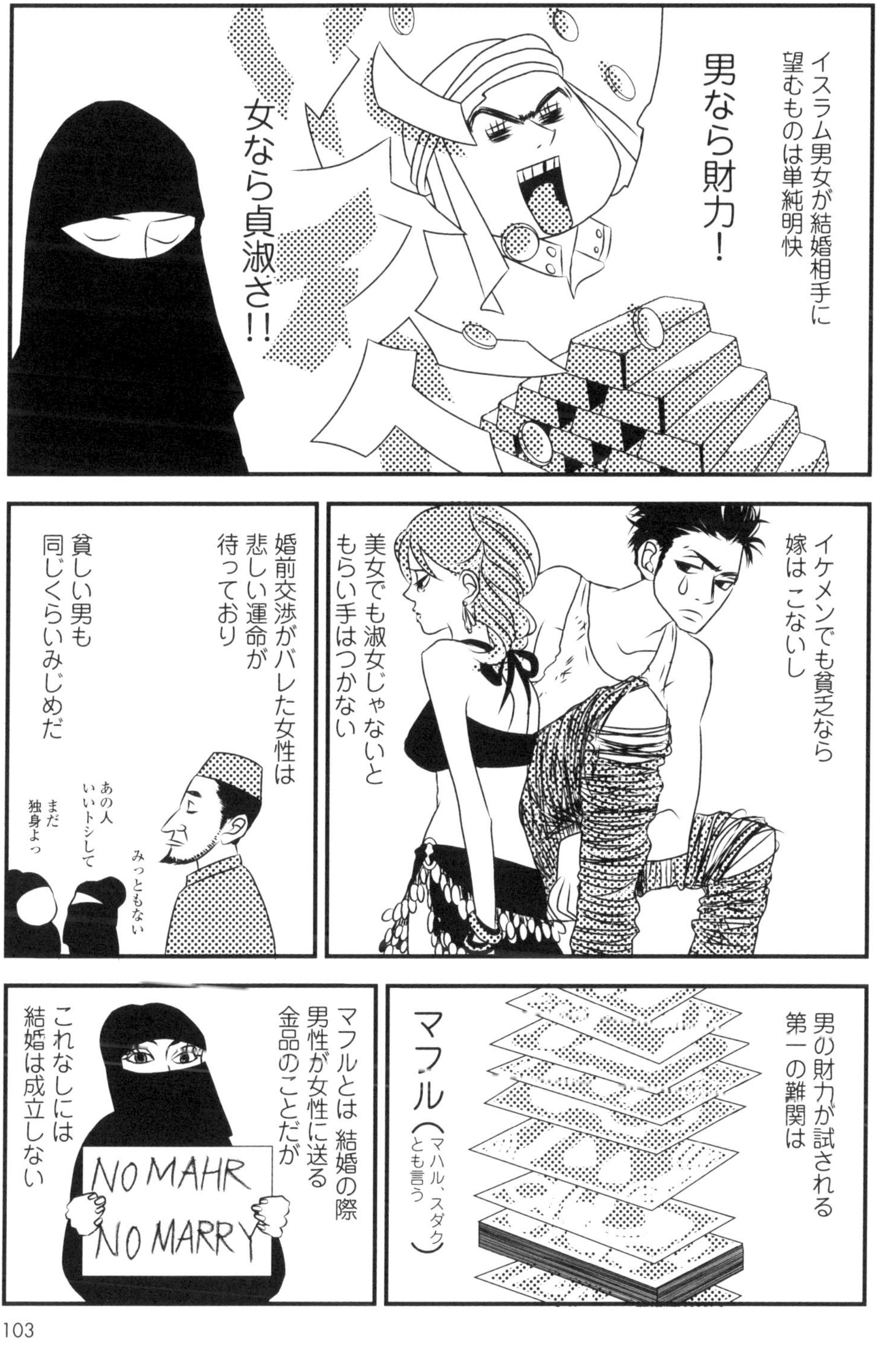

イスラム男女が結婚相手に望むものは単純明快
男なら財力！
女なら貞淑さ!!
イケメンでも貧乏なら嫁はこないし
美女でも淑女じゃないともらい手はつかない
婚前交渉がバレた女性は悲しい運命が待っており
貧しい男も同じくらいみじめだ
あの人いいトシしてまだ独身よっ
みっともない
男の財力が試される第一の難関は
マフル（マハル、スダクとも言う）
マフルとは結婚の際男性が女性に送る金品のことだが
これなしには結婚は成立しない
NO MAHR NO MARRY

サウジアラビアのマフルは
150～200万円が相場と言われ
ちょっと気張った結納金くらいかな
他の国でも給料2～3ヶ月分だとか
ひと昔前の婚約指輪みたい！
加えて ドハデ婚が好まれ
その費用は男性負担が常識という国も多い
ヨロシク～♡
請求書
そいつぁ男も大変だ
父の助け必要だよねー
30すぎまで独身
辛かったっス…
弟はけっこう歳下だからよかったけど
ううう
コーランに「贈与財は男子は女子の2人分（倍もらえる）」と定められているのも納得…

さて イスラムの
ド派手婚を
紹介する前に
イスラム男女の
出会いから
都会やリベラルな国では
職場，友人の紹介，学校…
だいぶ自由恋愛も
増えてきたイスラム男女
ローカルエリアでさえ
携帯電話の普及などにより
キミのこと
考えてたヨ
ワタシも♡
ママが
出かけるから
30分くらい
会えそうよ！
親にヒミツのやりとりから
恋愛結婚に至ることも!!
でも
主流はやっぱり
お見合い結婚
年頃になった
男性のまわりでは
ソワソワと
相手探しが始まる
しんせきの
オバさんとかが
せわをやく
あの家にも
年頃の娘が
いたわね
でも
ヒジャブの
巻き方が
ギャルっ
ぽいわ！
あの家の娘は
よく手伝う
働き者よ
写真
ないの？

話し合いの結果
決まった花嫁候補の家に
打診に行く
本人や
母親は
行かず
父親だけで
行くケース
もある
国や地域で違うらしい
相手の家で いきなり
花嫁候補にお目に
かかれることは
まず ない
父です
公務員をされて
いるとか
給料は高くないですが
安定して娘さんを
養っていけます
マフルについては
どう考えてます？
両家がひとしきり
話し合ったのち
父親が納得すれば娘に話すのが
一般的
お前と
結婚したいと
いう者がおる
え〜〜っ
まだ
いいのにィ
とか言える家
お父様の
ご意志の
ままに
言えない家 様々だ
イランやイラクでは
女性が男性に
好意を持ったら
どうぞ
と
話し合いの場に
お茶を運んできて
話がまとまるんだとか

そして 結婚が決まると
婚約パーティー♡
模擬結婚式のような
セレモニーが開かれる
国・地域もある
このおひろめから
2人きりのデートが
解禁になることが
多いようです
さて 結婚式！
日本とイスラム式の
一番の違いは…
祝いたい人
誰でも
ウェルカム!!!!
なところ
ムハンマドの言行録
（ハディース）にも
〝豊かな人たちが招かれ
貧しい人たちが
招かれない宴は
よくない宴だ〟
とあるように
祝儀など包めない人も
気軽に参加できるのだ
っち今
結婚式やってるから
なんか食べてく？
えーんかっ

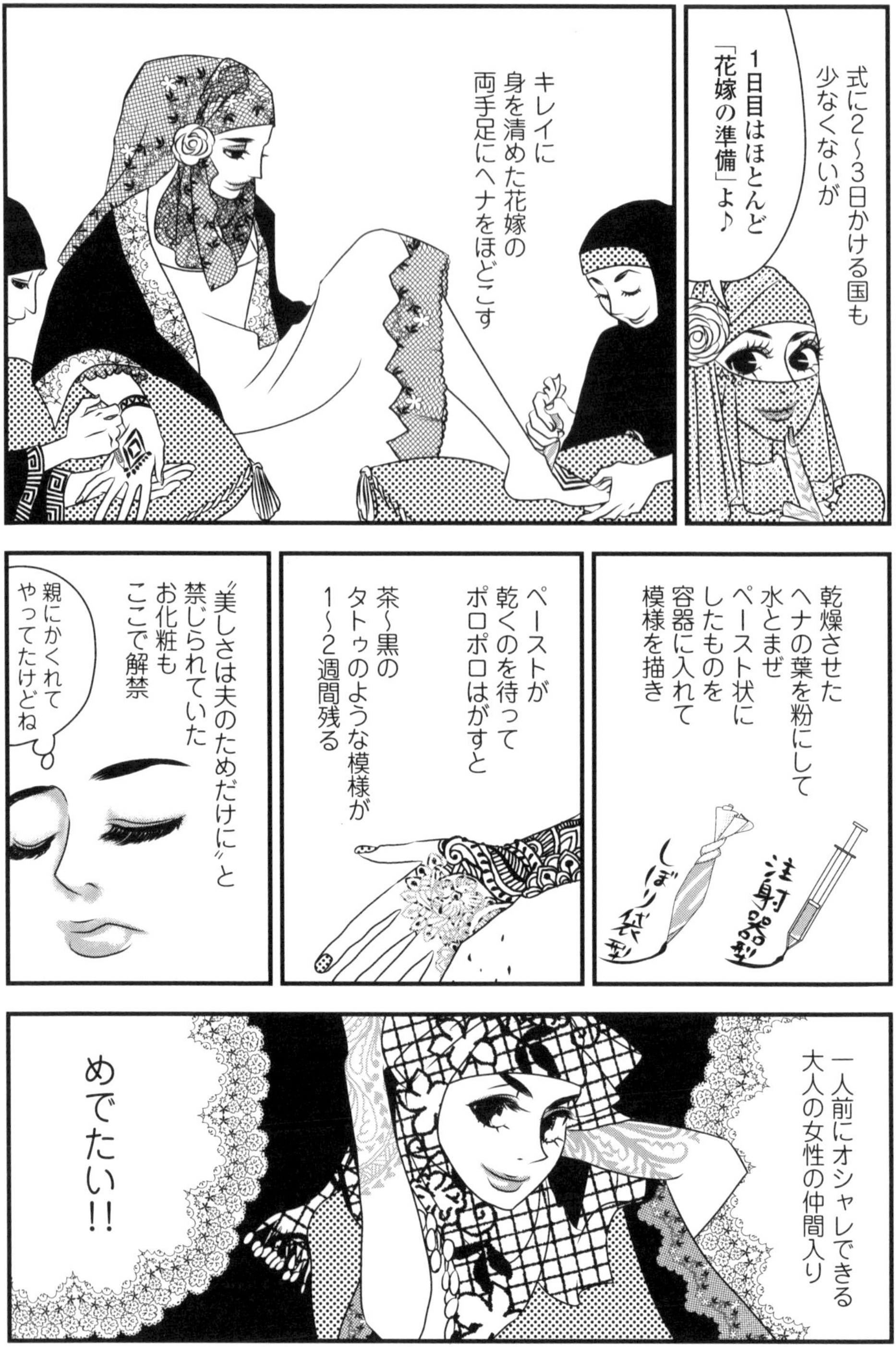
式に2~3日かける国も
少なくないが
1日目はほとんど
「花嫁の準備」よ♪
キレイに
身を清めた花嫁の
両手足にヘナをほどこす
乾燥させた
ヘナの葉を粉にして
水とまぜ
ペースト状に
したものを
容器に入れて
模様を描き
注射器型
しぼり袋型
ペーストが
乾くのを待って
ポロポロはがすと
茶~黒の
タトゥのような模様が
1~2週間残る
〝美しさは夫のためだけに〟と
禁じられていた
お化粧も
ここで解禁
親にかくれて
やってたけどね
一人前にオシャレできる
大人の女性の仲間入り
めでたい!!

2日目はごちそうや会場の準備で
朝から大忙し!!
人数の増減に対応できるよう
ビュッフェ形式か
大皿料理のことが多い
盛大な食事が終わると
花嫁はいよいよ
生まれ育った家を出る
結婚式仕様に
飾りつけた車で
花婿が
迎えに
来るのだ!!
プップー
LOVE
家族や仲間も車を出し
ビービー
プップップ
HAPPY
クラクションを
鳴らしながら
パッパッパ
パレードで
きてくれることもある
LOVE

花婿の家に着くと※イマームの前で結婚の誓いをし
※地域の宗教的指導者
ミルクやデイツなどでファーストバイトをしたら（First bite）
デイツはサトウヤシの実
指輪の交換♡
イスラムでは左手は「不浄の手」とされているため右手の薬指にする国もあれば
婚約中は右手にしていたのを左手につけかえる国…いろいろだ
ここからは親しい来客が新郎新婦のサイドに入れかわり立ちかわり記念撮影
イエメンなど偶像崇拝的だ!!と写真を嫌う国でもこの日ばかりはパシャリ!!

モロッコではこのとき首にご祝儀をはさんでくれたりする
さすがハッジャ!!
おめでと!!
ひととおり写真を撮り終えると
あとはダンス!!
ダンス!
ダンス!!
ダンス!!!
クラブっぽい演出の国もあれば民族チックな国もある
会場が男女別々の国もある!
それもりあがるの?
1番スゴイのはそれを夜通しシラフですることだ

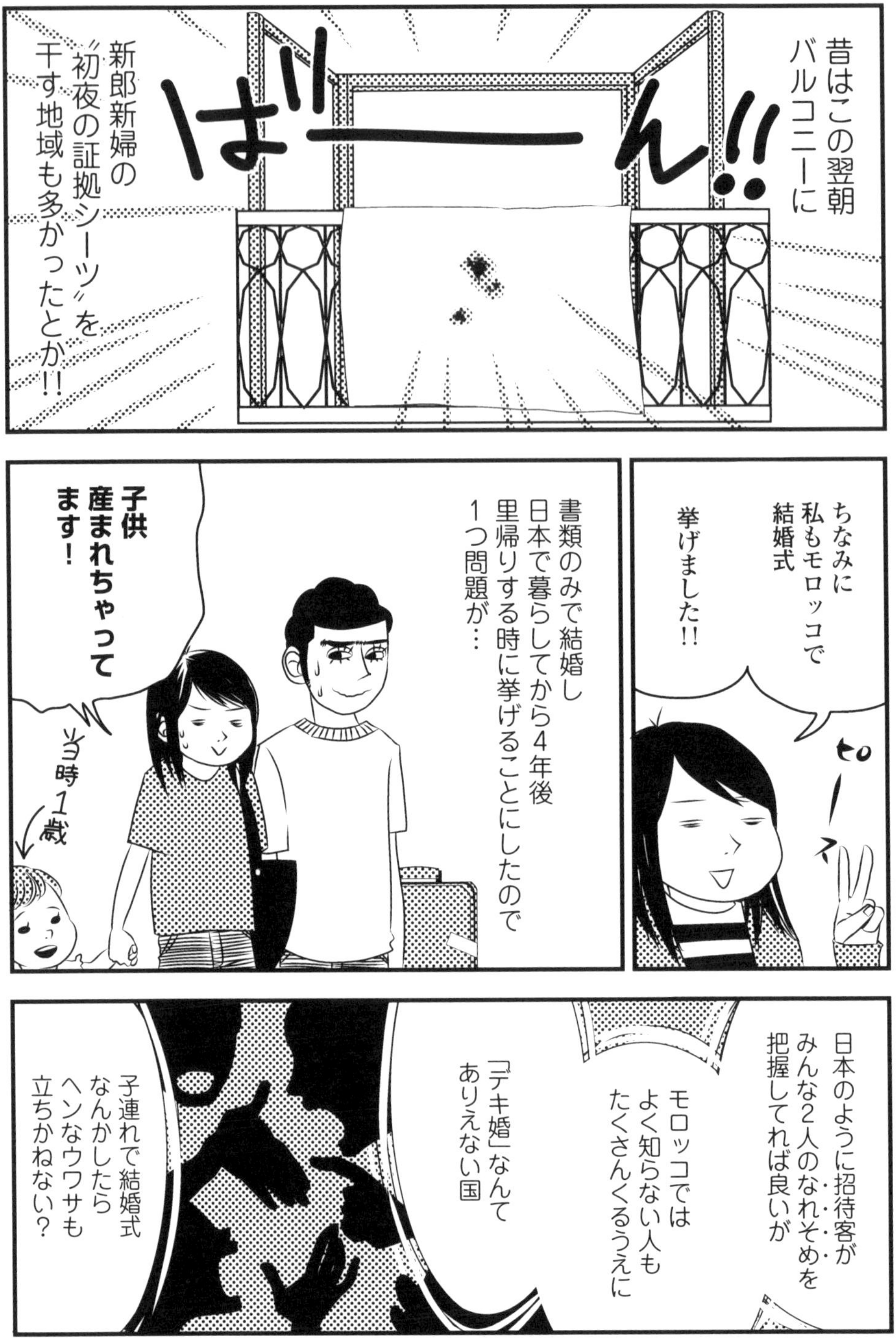
昔はこの翌朝
バルコニーに
ばーーん!!
新郎新婦の〝初夜の証拠シーツ〟を干す地域も多かったとか!!
ちなみに私もモロッコで結婚式
挙げました!!
ピース
書類のみで結婚し日本で暮らしてから4年後
里帰りする時に挙げることにしたので
1つ問題が…
子供産まれちゃってます!
当時1歳
日本のように招待客がみんな2人のなれそめを把握してれば良いが
モロッコではよく知らない人もたくさんくるうえに
「デキ婚」なんてありえない国
子連れで結婚式なんかしたらヘンなウワサも立ちかねない?

しかし我々の心配をよそに両親は大歓迎してくれました！
村中の人を集めて盛大に祝い
生バンドまで呼んでくれたのにはびっくり！
كيفاحال الجميع
لنا للاستماع إلى
أغنية لدينا !! أنا
أبك !!
そして宴もたけなわの頃
それではお集まりの皆さん
聞いて下さい
本日の新郎新婦 結婚したのは4年前
お子さんは今1歳
もちろん結婚後に産まれました!!
当時は両家の人々も忙しく式が挙げられず…
へーっ
そーなんだー
ふーん
なるほどねー
生バンド…このためだったのか
でも挙げられて良かったです

モロッコ小話❻

アバヤの中

アラビア半島に多い
まっ黒でゆったりと全身を
覆う「アバヤ」という衣装
宗教的な理由の他に
強い日射しから
身を守る意味も
あるようです
が
ひとかわむくと
ギャップで夫を悩殺!!
セクシー派と
カラダのラインもかくれるからつい太っちゃう
どうせ見えないんだから
いいじゃない の
らくちん派に
分かれるようです

第 8 話

ハラム

婚前セックスは絶対ダメ

أفعل مع الزوج المسلم بطريقة ما

HASNA
Presents

イスラム教では豚肉やお酒はハラム（食べてはいけない）
ハラム（禁忌）
今回は ハラムとされる（やってはいけない）行為のお話
殺人や窃盗はもちろんハラム
背教もハラムだし
「未婚男女の性行為」や「姦通」もハラムです
中には不倫の罪で実際に死刑が執行される国もある
まぁこれは一部の極端な国ですが
ゆるい国でも未婚男女の交際はタブーです!!
ハラム!!

以前 とあるモロッコ人 一家にお世話に なったことがあり…
ドバシクさんと いうお宅でした
妻と 4人の娘が います
ガイジンよっ
ガイジンだっ
目が小さーいっ
長女のヒンディは 17歳の女子高生
このくらいになると ヒジャブ(スカーフ)を 巻く子もけっこういるが 彼女は巻いてなかった
まぁいつか 巻きたくなったら 巻くかも
結婚したり 子供ができたらかな?
来年はマラケシュの 大学へ行くの
英語も勉強 してるから 少しは喋れるわ
リベラルな 子だわ――
ピポパ
ケータイも ノキアだし…
当時の最新
ママ ちょっと 彼女に このへんを 案内して くるね!
はいよー

ひとけのない畑の道を歩いていると
むこうから人が
やあ！ ヒンディ
あら モハ！
偶然 知り合いに 会ったのかな
ペラペラペラ ペラペラペラ ペラペラ
けっこう仲いい 間柄なんだな
ちょっとここで 待ってて くれる？
オーケー
なんか あったのかな
そのまま 小一時間ほど 待たされて

やっと気づく
もしやデートのダシにされた!?
たしかに こんななにもない村で1人で長時間でかけたらあやしまれるッ
かーーっ
こんなさびしい畑を案内されてもな〜〜と思ってたんだよ私もッ
でもリベラルに見えても…
あの子も苦労してんだな…
いつもダシにする人がいるわけじゃないし
人間だもの… 恋くらいする!
しかも若い男女
神様だって止められないよ
ねェ 怒ってる?
ママにはモハのことヒミツね
帰り道は 妙に感慨深くなってしまった
だけど こんなふうにこっそり会えても
セックスだけは厳禁なんだって
こそっ

だってまだ モハと
結婚するか わからないし！
(しなかった場合)
処女じゃなくなった
ハラム女子なんて
もらってくれる人
いないんだから！
実はモロッコには
以前
結婚式のあとも
「初夜」が終わるまで
初夜用にデコられたドア↓
近親者は別室で
待機していて
行為後に 新郎は無事
新婦の処女を頂戴した
「証の血」を
おひろめする…
こんなん
出ました～
という習慣が
あったんだよ
※他のイスラム圏でもあったり
今も残っている所もあるとか…
えッ
処女でも血が
出ない人とかいたら
どーすんの!!

※前話参照

そんな人いるの？
処女ぶってるだけじゃない？
これだから処女も死守するわけだ…
いずれにせよその場合はひどかっただろうね…
新婦がフシダラ呼ばわりされたり
新郎が短小か確かめられたり…
したかは わかりませんがとにかく最近では その習慣は下火に
——ということは？
今なら
結婚を本気で考えてる相手となら婚前エッチもアリなんじゃないの!?
親にさえバレなきゃ良いではないか…
初夜に血が出ないのもお互い了承済みだしね♥
それはナイ
えッ
ジャパーン人にはわかるまい
つまんねーの
いくら真剣につきあっていても100％安全になってから（親公認で婚約書類出す）でないとリスクが大きすぎるんだ

婚前にヤッちゃう娘なんてバレたら
親にカンドーされるのは勿論
あの家の娘よっ
フシダラねーっ
親のしつけも悪い!!
娘は失うし
ご近所は冷たいし…
お父さん
お母さん
ごめんなさい…
一家丸ごと まわりから軽蔑されて
居場所がなくなるよ…
そんな心配を
させないためにも
結婚したいくらい
大切な女性には
手を出さないのが
男の愛!
愛する人に
ハラムを犯させたくないし
自分もハラムを犯す
ようなヤツだと思われ
たくないからね
アジズっ
ハサンの弟です
そういえばアジズとファティマも
結婚前 長いこと
つきあってたもんね…
キョロ
キョロ
もちろん
こっそり
その間 ちゃんと
ファティマの純潔は
守っていたわけか…
ハッ
そういえば
その頃
こんなことがっ

ハサンのイトコの結婚式にて
結婚式などのセレモニー客は男女別々の部屋ですごすのがイスラム流だが
モロッコでは新郎新婦入場のフィナーレだけは 男女が一堂に会することができる
そしてその時が数少ない男女の出会いの場でもあるのだ
あの子かわいい
お あの子美人!
どれどれ
あっちの子は
右から2人目
※一堂に会してもビミョーに男女は分かれて陣取り遠目で互いをチェックする
あのピンクのヒジャブの
あー あの子ね
英語が話せるって言うから さっきまでずっと喋ってたんだよ
男女別々の部屋にいたとき
ラバトにいたけど最近 離婚してこっちに戻ってきたんだって
子連れで
キラリ
ほう

これを彼女に
わたしてきて
くれ
外国人なので
男女間を多少
行き来できる↓
?
サラサラ
「君は美しい
よかったら
電話して」と
添えて
はぁ!?
電話番号のみ→
証拠に残る
名前やメッセージ
は一切書かない。
なに言ってんのっ
ファティマという
娘がありながら…
ファティマは結婚相手
彼女は
セックス相手だ
キリッ
ファティマを大事に
思うからこそ
婚前セックスは
他所《よそ》でする!!
胸張って
言うなっ
ビシッ
――ってなことがあったっけ…

つまり婚前セックス禁止でも
男はなんらかの方法を見つけるし
風俗もあるヨ
女の方でもできないことに不満はないわ
だから 我々が思うほどツラくなさそうだ…
じゃあムスリマたちは好きな人と ひとつになりたくないの!?
女の子にだって性欲はあるはずッ
なんて声が日本TL漫画界からきこえてきそうですが
その答えになるかはわからないけど
ちょろっとスマホで
私のプチ調査によると――
モロッコでは女子の結婚年齢が低い!
高校卒業してすぐ結婚しました☆
友達も そーゆー子 多いし

日本で10代の娘が結婚するとしたら
デキ婚です☆
がほとんどなのに
モロッコでは17歳の女の子のところに
ぜひ娘さんを嫁にください
うーん
なんて話がフツーにくるし20代前半までに多くの女子が結婚する
でもコレって日本女子の平均初体験年齢とほぼ一致しない？（ネット調べ）
20.9歳らしいっス
つまり日本女子が
そろそろ体験しときたい…
ウズ
ウズ
年頃とモロッコ女子が
そろそろ結婚考えちゃう…
ソワ
ソワ
が同じくらいだから
結婚まで性交渉ナシでも欲求不満がバクハツしないのでは!?
ピコーン!
エジプト トルコ ヨルダンあたりも早いとか

まぁその推論の
正否はともかく
ムスリマにだって
もちろん性欲は
あるよ
現に結婚後にする
セックス量
ハンパないから
1日3回とか
フツー
ちなみに中東の厳格な
イスラム諸国では
アダルトショップ顔負けのエッチな
下着店が堂々と在り…
LINGERIE
お客様は
ほとんどが
既婚者
なんだとか…
勝負下着…
イスラム教では
結婚後なのネ
下着姿のポスターは
ないそうだ… ポルノ的？
か偶像崇拝的に
ダメらしい
ん？ まてよ？
日本も
結婚までセックス
禁止にしたら
☆ヤリたくて
早く結婚する
☆覚えたての
サカんな時に
ヒニンの必要なし！
少子化に歯止め!?

ピコーン!

第9話

イスラム女子は楽しい!!??

أفعل مع الزوج المسلم بطريقة ما

HASNA

Presents

久しぶりにモロッコに来て
まず思ったこと
ハスナ！いらっしゃーい！
なんかファティマ
雰囲気変わった？
なんだろう…
ヒジャブから・・・おくれ毛出てるから？
腕まくり（露出）は前から家事の時はしてたし…
うーん…なんだろう??
さらに犠牲祭当日はバッチリメイクまで!!
前は礼拝のたびに洗うから化粧はしないいってたのに!!

そういえば今回
ファティマが
礼拝してるとこ
見てない!!
ハッ
犠牲祭中は準備や訪問客の
相手で忙しいし…
そういう時は
免除されるとか??
「旅行中は
免除」ってのも
あったし
しかし犠牲祭が
終わっても
アザーン
鳴ってまっせ
……
祈る気配ナシ
ぜんぜん祈らないアジズといるうちに
めんどくさくなっちゃったのかな…
お義父さんやお義母さんも
見て見ぬフリだし…
べつにいいの?
でもあんなに神《アッラー》を
愛してたファティマが…
ちょっと淋しい…
私が聞くのもナンだが
…聞いてみた
礼拝《サラート》…
しないの??
おずおず
あ——

今 生理中 だから いいの!!
つーか 生理中は 祈れないのよ
そういえば そんなきまり・・・ あったわ!!
以前なにかで 生理中や妊娠中は 礼拝禁止! その期間が明けても しっかり清めるまでは ダメ!!ってのを 読んだっけ…
その時は女性のアレコレを 汚れ扱い??ってなんだか イヤな気分だったけど…
これはこれでリラックス できているようだ
ママ お祈りは??
今日はいいの。ちょっと おなか 痛いから ハニンと ゆっくりする日♡
禁止!! というよりは 〝祈らなくていいよ〟っていう 許可なんだね…
宗教にも 生理休暇か…
そして そんなゆるい 6日間が過ぎると…
シャワーを浴び
ピシッとヒジャブを 巻いて——

あれ？どっか行くの？
礼拝《サラート》するのよ
礼拝の時 女性は髪だけでなく胸もとまでヒジャブでしっかり覆い
手首・足首まで隠れる長衣を着る
祈りを捧げる 彼女たちは美しいところを覆い隠してもなお 美しい
さてと
ごはんの支度でもしますか！
礼拝をするとやっぱり清々しいようだ

※ヒジャブの下にかぶる水泳帽みたいな素材でできた帽子 髪をしっかりしまえる
正式名称はナゾ

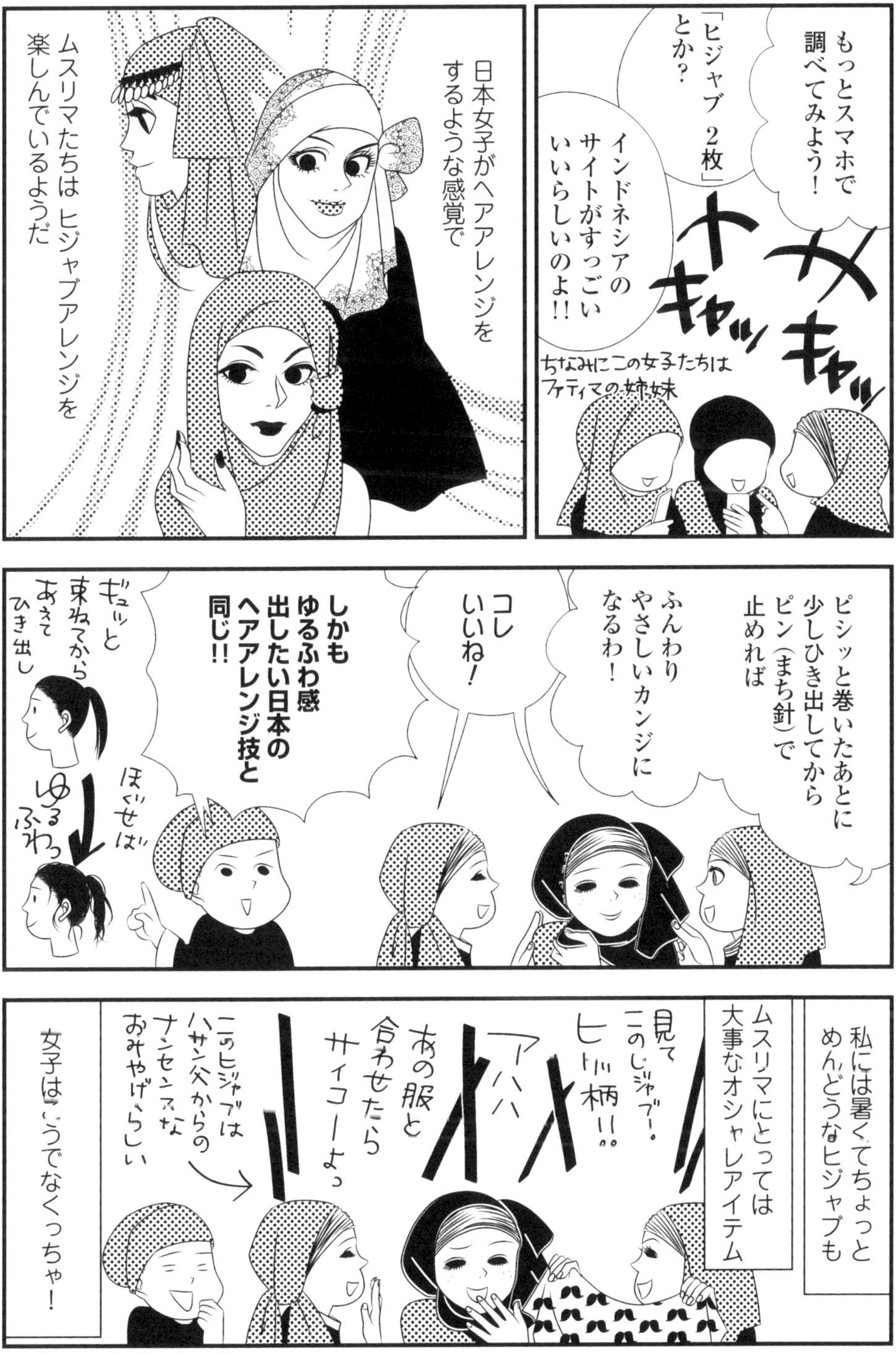

もっとスマホで調べてみよう！
「ヒジャブ 2枚」とか？
インドネシアのサイトがすっごいいいらしいのよ!!
キャッキャッ
キャッキャッ
ちなみにこの女子たちはファティマの姉妹
日本女子がヘアアレンジをするような感覚で
ムスリマたちは ヒジャブアレンジを楽しんでいるようだ
ピシッと巻いたあとに少しひき出してからピン（まち針）で止めれば
ふんわりやさしいカンジになるわ！
コレいいね！
しかもゆるふわ感出したい日本のヘアアレンジ技と同じ!!
ギュッと束ねてからあえてひき出し
ほぐせば
ゆるふわっ
私には暑くてちょっとめんどうなヒジャブも
ムスリマにとっては大事なオシャレアイテム
見てこのヒジャブ！ヒゲ柄!!
アハハ
あの服と合わせたらサイコーよっ
このヒジャブはハサン父からのナンセンスなおみやげらしい
女子はこうでなくっちゃ！

お父さんとお母さんを親戚の家に送ってくるよ
お昼食べてくるから少しおそくなると思う
行ってらっしゃーい
さて
パサッ
じゃあお昼はテキトーでいっか！
Switch On!!
だらだらしようだらだら!!
あらアシア！ヒジャブ巻きたいの⁇
エヘッ

※モロッコの民族衣装

※夫には肌や髪を見せてもよい

イスラム教では相互扶助はあたりまえ
あら町まで行くの？
途中まで乗せてってよ
近所のおばさんたち
扶助されるほうにも遠慮はありません
ちょうどよかったわ
もうちょっとつめて？
ぎゅう
ぎゅう
ぐいぐい
イスラム教では車内でも男女はなるべく触れ合わないように座るので
細身の男たちが悠々と前に座り
後ろは すし詰め状態…
これは乗り合いタクシーでもしばしば見られる光景で
ゆったり〜
このへんでは助手席に2人つめこまれる
運転手
せまいっ
もちろん男性が窮屈な思いをすることもあるし
もし女性だったらココに乗れたけど男性なので
ダメ！
運転手
人数的には乗れるのに性別のせいで断られることもある

さて おばちゃんたち
座ると同時に なにか食べはじめる
うちの木で取れたやつよ
あら もう？ 早いじゃない どれどれ
ほら
あんたらも食べな〜
ありがとう…
デイツ大好き
大阪のおばちゃんなら「アメちゃん」だが
こちらは「デイツちゃん」だ
（サトウヤシの実・ドライフルーツ）
最近は地方でも
少しずつ免許を取る
女性が増えてきたが
École de conduite
今回はハサンの町でも
自動車学校に入っていく女子発見！
この世代で免許を持ってる
女性は ほとんどいない
車がないと とても不便にも
かかわらずだ
いいのよ
一家に1人
運転できる
子がいれば
あんたんち
いないじゃない
でもこうして
隣にアジズが
いるから
いいわよね！
隣の家の子なんて
うちの子みたいな
もんよっ
あっはっはっ
あんたたちも
デイツ食べな
イスラム圏では

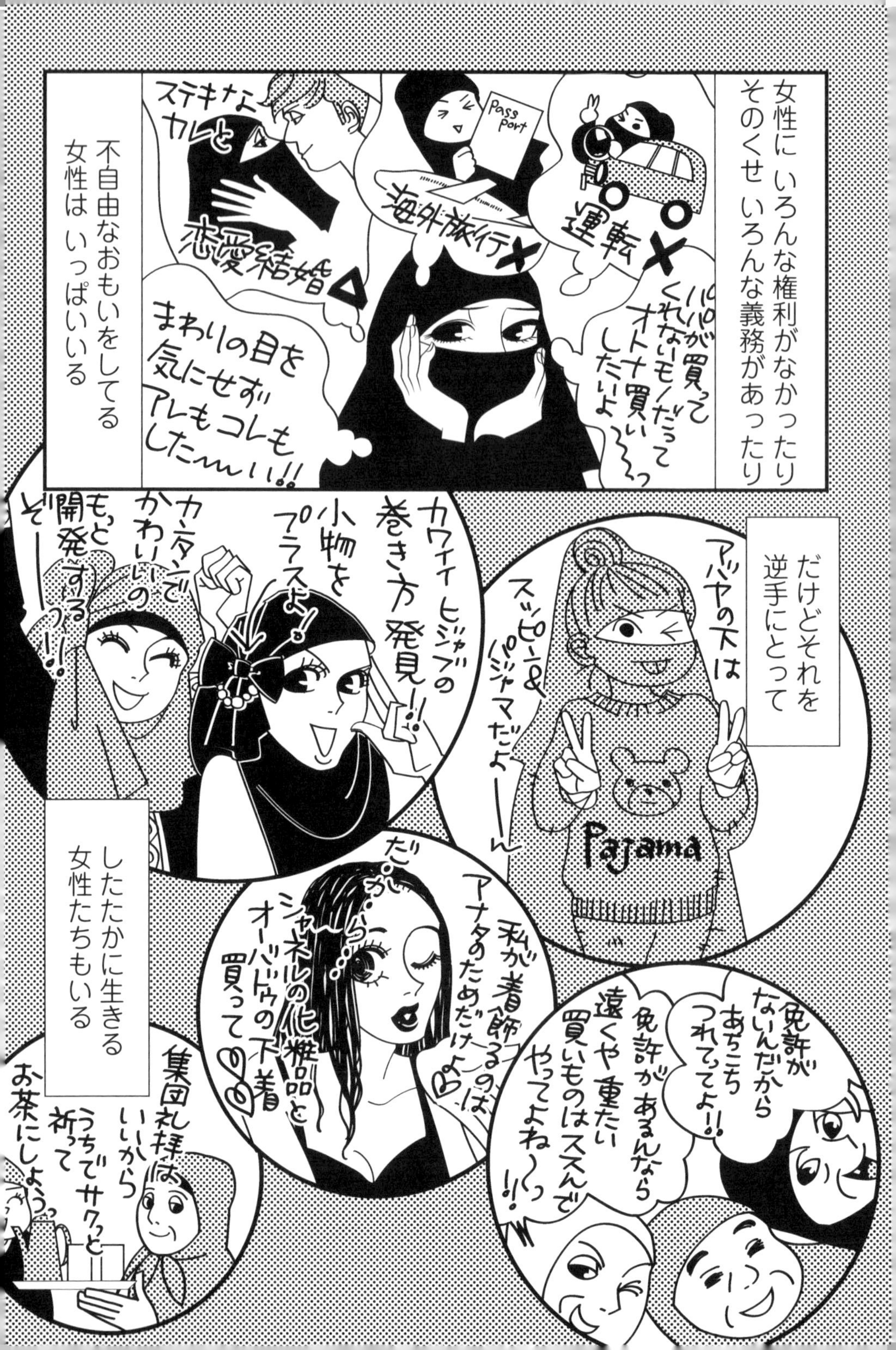
女性に いろんな権利がなかったり
そのくせ いろんな義務があったり
運転×
パパが買ってくれないモノだってオトナ買いしたいよ〜っ
Pass port
海外旅行×
ステキなカレと
恋愛結婚△
まわりの目を気にせずアレもコレもしたーーい!!
不自由なおもいをしてる
女性は いっぱいいる
だけどそれを逆手にとって
アバヤの下はスッピン&パジャマだよ〜ん
Pajama
カワイイ ヒジャブの巻き方発見!!
小物をプラスよ!
カタンでかわいいのもっと開発するぞーー!!
したたかに生きる
女性たちもいる
私が着飾るのはアナタのためだけよ♡
だから…シャネルの化粧品とオーバドゥの下着買って♡
免許がないんだからあちこちつれてってよ!!
免許があるんなら遠くや重たい買いものはススんでやってよね〜っ!!
集団礼拝はいいから
うちでサクっと祈って
お茶にしようっ

どんな環境でも楽しんだモン勝ちだよなー…
って思わされます
あ！ここ!! このへんで降ろしてちょうだい!!
ホント〜に
じゃーねー
アハハハハ
帰りも通りかかったらよろしくーっ
バイバ〜イ
さて今日は町で何するの??
まずは…
この長〜〜いリストの買いものをして
お母さんの友達に届けものして
お金をおろして
ミキサーの修理も終わってるか聞きに行かなきゃ
その間にファティマの実家から借りてた鍋を返しに行って
ついでにファティマのお母さんを歯医者にお父さんを定期検診につれていかないと…
ガンバレ!! 男たち!!

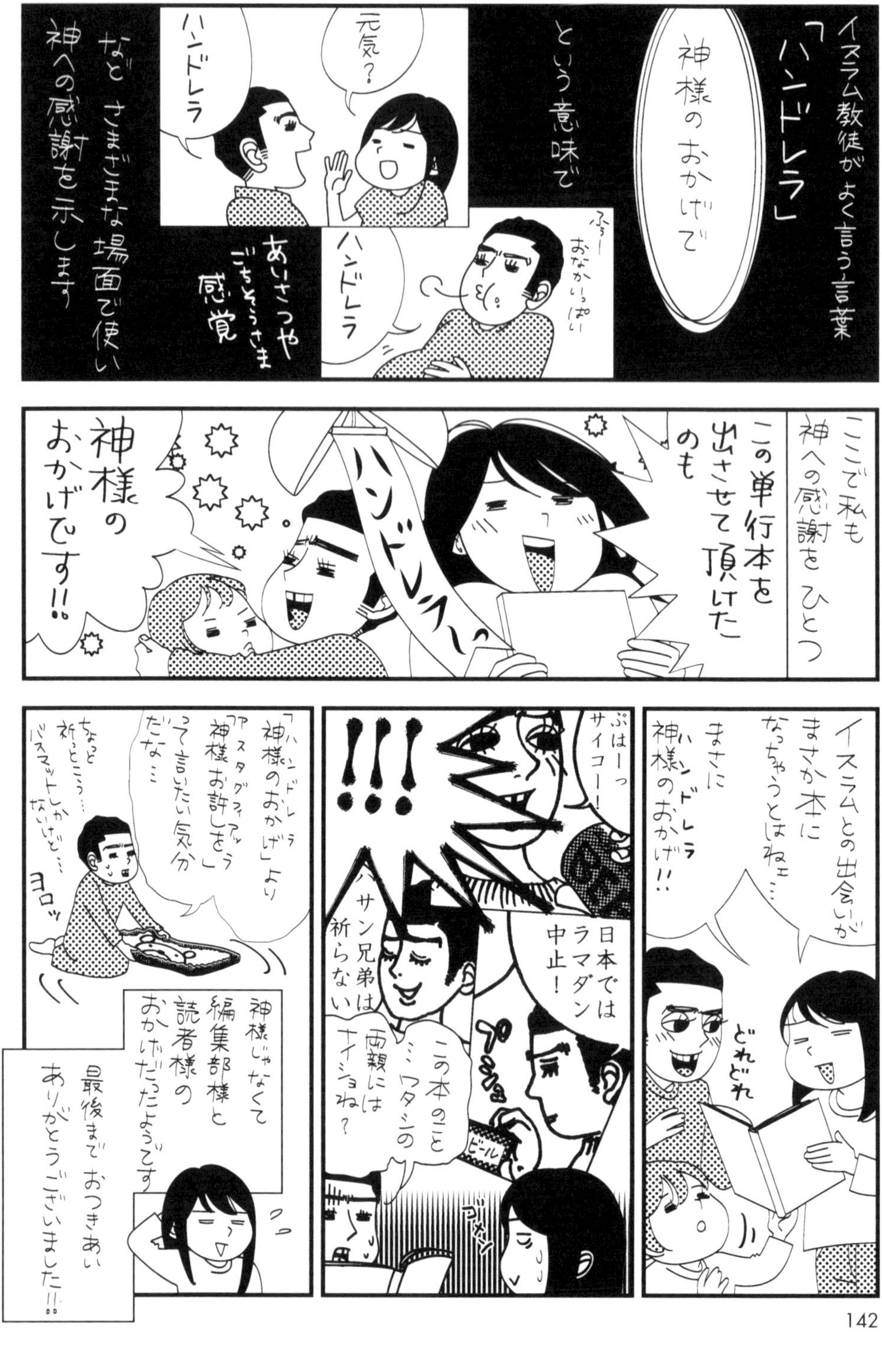
イスラム教徒がよく言う言葉
「ハンドレラ」
神様のおかげで
という意味で
元気？
ハンドレラ
ふぅー おなかいっぱい
ハンドレラ
あいさつや ごちそうさま 感覚
など さまざまな場面で使い
神への感謝を示します
ここで私も 神への感謝を ひとつ
この単行本を 出させて頂けた のも
ハンドレラ～
神様の おかげです!!
イスラムとの出会いが まさか本に なっちゃうとはねェ…
まさに 神様のおかげ《ハンドレラ》!!
どれどれ
ぷはーっ サイコー!
!!!
日本では ラマダン 中止!
ハサン兄弟は 祈らない
プシュ
ビール
この本のこと ワタシの 両親には ナイショね？
「神様のおかげ《ハンドレラ》」より 「神様お許しを《アスタグフィアッラ》」 って言いたい気分 だな…
ちょっと 祈っとこう… バスマットしか ないけど…
ヨロッ
神様じゃなくて 編集部様と 読者様の おかげだったようです
最後まで おつきあい ありがとうございました!!

笑える 腹立つ《ムカつく》

イスラム夫と共存中

2018年10月29日　第1刷発行

著者　ハスナ
（日本人）

©hasna 2018

発行人　土井尚道

発行所　株式会社飛鳥新社
〒101-0003 東京都千代田区一ツ橋2-4-3 光文恒産ビル
電話 03-3263-7770
http://www.asukashinsha.co.jp/

編集　株式会社シュークリーム
〒102-0071 東京都千代田区富士見2-11-9
富士見MJビル2階
電話 03 0012 3001
http://shu-cream.com

印刷・製本　中央精版印刷株式会社

Printed in Japan　ISBN978-4-86410-646-7